JN059511

スタートアップ企業が最速最短で上場する方法

未来創造弁護士法人

三谷 淳【著】
Mitani Jun

中央経済社

はじめに

　上場を志望する企業が増えています。

　ここ数年，新規に上場を果たす会社は100社前後と高い水準をキープしていますが，その何倍もの数の会社が上場の準備をしています。

　東証の市場区分再編によるグロース市場の創設や，TOKYO PRO Market（TPM）という新たな選択肢の出現により，新規上場のために準備すべきことも多様化しています。ESGやカーボンニュートラル，人的資本経営など上場企業に求められることも年々変化しています。

　そのような環境の下で「監査難民」や「証券難民」という言葉が象徴するように，新規上場に必要不可欠な監査法人や証券会社は，契約する上場準備企業を想定される時価総額などによって絞るようになっています。東証の審査を受ける以前に，監査法人や証券会社から選ばれる会社を作らなければ上場がかなわなくなっているのです。

　私はこれまで，顧問弁護士や社外役員といった立場で多くの企業の新規上場のお手伝いをさせていただきました。また，運営させていただいている経営者のコミュニティや，参加している経営者団体の仲間たちが続々と上場していく様子をそばで拝見する機会もたくさんありました。

　一方で，その何倍もの会社が，上場を志し，上場準備を進めながら，どこかでつまずき，いまだ上場を果たせなかったり，上場を断念しているのを見ました。

　その多くは，会社や経営者の実力が足りないというよりは，上場とはどういうことなのかの理解が足りず，主幹事証券会社や東証の求めていることの正確な把握と理解がないまま時間とお金を無駄にしてしまっているという印象があったのも事実です。

　「そんな会社を1社でも減らしたい。」
　そんな思いが本書を執筆するきっかけとなりました。

　上場のハードルは，数字の面でも，管理の面でも，年々上がっています。

　さらに，上場するための審査基準は，東証の審査においても，主幹事証券会社の審査においても，明文化されておらずわかりにくいことが，準備の難しさに拍車をかけています。

　本書では，私がこれまでしてきた上場のお手伝いの経験に加え，東証，証券会社，証券代行，ベンチャーキャピタル（VC），IPOコンサル，そして実際に新規上場を果たした経営者など，上場にかかわる多くの方々への取材やインタビューを通じて知ることができた，上場するために必要な準備について余すことなくお伝えします。

　できるだけわかりやすく，何をすべきかやどうすればいいかだけでなく，する必要がないことや上場準備会社が陥りやすい間違いについてもあわせてお伝えします。

　なお，本書では原則として東証グロース市場に新規で上場することを想定してその準備についてお伝えし，TOKYO PRO Marketに上場する場合に求められることやその特殊性については，コラムなどの形で言及させていただきます。

　「失われた30年」という言葉があるように，日本の経済は停滞を続け，GDP，労働生産性，円安，人口減少，財政危機などさまざまな側面で先行きに不安がただよっています。

　そのような中で，新規上場する会社は，人の役に立つ商品・サービスを国内外に提供し，利益を生み出し，納税によりこの国に貢献し，そこで働く社員を物心両面で充実させる企業です。

　上場できる事業を創出する経営者は，この国を導き救うリーダーだと思っています。

　そんなリーダーの上場準備の一助になればと願い，この本を書きました。

　2024年4月

三谷　淳

【目　次】

第3章　労務管理は上場審査の勝負どころ

第4章　上場会社に必要な管理体制を構築する

第 5 章　コーポレートガバナンスの要諦

第 6 章　法令遵守だけではないコンプライアンスの全容

第 7 章　上場審査に合格する内部統制のしくみ作り

第 8 章　上場するなら考えておきたい資本政策

第 1 章

上場準備は事業計画と
予実管理が 8 割

1 事業計画は上場を推薦してもらうための「約束」

＼ 最速最短ポイント ／

- 上場のための大きな関門は，主幹事証券会社から「推薦状」をもらうこと
- 主幹事証券会社は，上場準備会社の事業計画（年度総合予算と中期経営計画）を「約束」ととらえ，この約束を守る会社を東証に推薦する

　私はこれまでに顧問弁護士として，社外取締役や社外監査役として，そしてコンサルタントとして，多くの会社の上場準備にかかわってきました。

　その中には，最短でマザーズ市場（現在のグロース市場）への上場を果たし，その後，プライム市場に市場替えをしてさらなる成長をとげている会社もありますし，残念ながら思ったように準備が進まず，上場の方針を変更（断念）した会社もあります。

　しかし，これらすべての会社について，私は，上場を準備する側からお手伝いをさせていただいており，上場を審査する側の経験はありません。

　そこで，本書を執筆するにあたり，上場の準備をサポートする専門家だけでなく，上場の審査にかかわる多くの方にインタビューの機会をいただき，上場にまつわる現在のリアルな姿をお聞きすることができました。

　東京証券取引所（以下「東証」といいます）で上場審査にかかわられている方をはじめ，証券会社，監査法人，信託銀行，IPOコンサルなど色々な立場の方々を取材させていただいた中で，とても印象的で忘れられないお話がありました。

■主幹事証券会社が上場準備会社を審査する最重要ポイント

　その方は，長く大手証券会社で活躍され，IPOの業界では知らない人はいないのではないかというくらい著名な方です。これまでに1万社以上の上場準備の相談を受けたり，実際に上場にかかわったりしてきましたが，実際に上場できたのはその1割程度だとおっしゃっていました。

　では，上場できた会社と，上場できなかった会社の違いは何だったのか？

　この質問に，この方は「会社が約束を守るかどうかです」と答えました。

　上場審査の天王山は，東証の審査ではなく，主幹事証券会社の審査だといえます。

　主幹事証券会社は，上場準備会社を審査し，上場企業として問題ないと考えた場合には取引所に宛てて「推薦状」を提出します。主幹事証券会社の推薦状をもらえるかどうかが，上場の過程における最大のポイントになります。

　主幹事証券会社は，上場準備の過程で上場準備会社が「信用できるか」をずっと観察しています。

　そして，主幹事証券会社の審査部門だけでなく，営業部門も，引受部門も，アナリストも，すべての部門が「この会社は信用できる」という状態になったとき，主幹事証券会社はその上場準備会社を東証に推薦するのです。

■事業計画を守ることで主幹事証券会社の推薦を得る

　では，どうしたら，主幹事証券会社に信用してもらえるのか。

　それが上記の「約束を守る」こと，約束を守り続けることです。

　そして，証券会社と上場準備会社の約束とは事業計画のことをいいます。

　「年度総合予算」という1年間の売上と利益の計画，そして「中期経営計画」という概ね3年間の成長性に関する計画，この2つを合わせた事業計画という「約束」を守る会社が，主幹事証券会社の信用を勝ち取れるというわけです。

　これが上場審査にあたって「背骨」にあたる部分であり，その他のことは事業計画に比べれば末節にすぎないといっても過言ではないくらい，事業計画を守ることが大切だということです。

　もちろん，事業計画は上場審査の場面だけでなく，キャピタリストから出資を受ける場合，銀行から融資を受ける場合など，さまざまな場面で使われます。

　もっとも，例えば，キャピタリストは，事業計画どおりに事業が進捗することはむしろ稀であると知りながら，それでも出資した企業が一定の確率で成長すればいいと考え，出資を決めることがあります。キャピタリストはリスクを取ることができるからです。

　また，銀行は，融資を決める際に事業計画だけをあてにしません。返済が困難になったときに引き当てとなる不動産や売掛金など担保となるものがあるかが，融資を決めるポイントになります。

　これに対して，主幹事証券会社は，上場準備会社が事業計画という約束を守っているかをずっと見ています。

　上場準備に入った当初はなかなか守れなくても，1年，2年と準備を進めるうちに約束が守れるようになってくれば「ようやく，月次（予実）が約束した数字になるように実力がついてきたね」といって，推薦状を書いてくれるのです。

　どのくらいの期間，事業計画と実績数値が一致すると主幹事証券会社から信用してもらえるのかについては証券会社によっても差がありますが，短くても半年以上，普通は1年の間約束を守り続ける（計画と実績を一致させる）必要があります。

　それができないうちは推薦状がもらえませんし，いつまで経っても計画と実績が合わない会社は「この会社は約束を守れない会社だ」と判断されてしまい，主幹事証券会社が真剣に上場準備会社のことを見てくれなくなってしまいます。

　このように，上場準備会社は中期経営計画と年度総合予算という約束を守って，主幹事証券会社の信用を勝ち取ることこそが，上場を果たすために求められるもっとも重要であり，もっとも基本的なことなのです。

上場準備のキープレイヤー

　上場するためにはさまざまな専門知識が必要となり，上場準備に入ると社内外に上場をサポートする専門家チームを構成することになります。ここでは，その主な構成メンバーを紹介します。

① CFO
　財務，経理の戦略立案と執行の責任者で，最重要人物の1人です。
② 監査役，内部監査担当者
　常勤の監査役をおいて監査役会を設ける必要があります。
③ 社外取締役
　最低1名の社外取締役を選任して取締役会を開催する必要があります。
④ 監査法人
　上場にあたり，財務諸表につき監査法人の監査を受ける必要があります。
⑤ 証券会社
　上場に際して公募・売り出しの引き受けを担当する主幹事証券会社です。
⑥ IPOコンサル
　会計や規程整備，J-SOX対応などについて外部リソースの助けを借ります。
⑦ 弁護士
　法務DDやコンプラ体制整備のために上場に精通した弁護士が必要です。
⑧ 税理士
　税務会計，企業会計双方に精通した税理士が必要です。
⑨ 社労士
　上場会社に求められる就業規則や労務管理に精通した社労士が必要です。
⑩ 証券代行機関（信託銀行）
　上場に必要な株主名簿管理人となり，株主総会運営の助言を受けます。
⑪ 証券印刷会社
　有価証券報告書の印刷やディスクロージャーに関する助言を受けます。

2 魅力のある事業計画には，人もお金も自然と集まる

＼ 最速最短ポイント ／

- グロース市場上場には，高い成長可能性が求められている
- 主幹事証券会社や監査法人は，引き受ける会社を選別しており，一定の時価総額が期待できる会社とのみ契約する傾向がある
- 魅力的で，かつ実現の蓋然性が高いビジネスモデルを考え，事業計画に落とし込むのが経営者の役割である

前項では，事業計画は上場を目指す会社と主幹事証券会社との間の「約束」であり，この約束を果たすことで，主幹事証券会社は上場準備会社を東証に推薦するのだというお話をしました。

では，証券会社に上場企業にふさわしい会社として推薦してもらうためには，どのような事業計画を作る必要があるのでしょうか。本項では，事業計画の基準やその策定手順などについてお伝えします。

■グロース市場上場に求められる「高い成長可能性」

東証は，スタンダード市場やプライム市場に新規上場する際には，企業に一定の利益（収益基盤）と純資産額（財政状態）を求めています。

一方で，グロース市場に新規上場する際には，利益や純資産の要件を求めていません。

グロース市場はいわゆる新興市場であることから，十分な利益や純資産があるとはいえないような，投資家から見てリスクの高い企業でも上場が認められるのです。

その代わりに求められるのが「高い成長可能性」です。

　上場後は，毎年，「事業計画及び成長可能性に関する事項」を継続的に開示することが求められますが，上場審査時にもこれが審査の対象となります。

　どのくらいの成長性があれば「高い」と評価されるかについて，東証は「一般的に会社の成長（成長するまでの期間や伸び率等も含め）は，会社の規模や属する業界，事業特性等によって様々であると考えられることから，高い成長可能性の判断の目安となるような数値基準は設けていない」としています。

　しかし，上場にかかわる証券会社の審査担当者の話を総合すると，毎年30％程度の成長をする事業計画が一応の目安になるようです。もちろん，企業の規模が大きいより小さいほうがより高い成長率を求められるという傾向にあります。まだ売上が10億円未満の会社であればできれば50％近い成長を，売上高が100億円を超えるような企業でも10％以上の成長は求められると考えて間違いありません。

■主幹事証券会社と監査法人が時価総額を求める時代

　時価総額についても言及しておきましょう。

　グロース市場の場合，東証は「流通時価総額５億円以上」という基準を設けるのみです。

　しかしながら，上場を志向する企業が増え続ける一方で，新規上場を引き受ける証券会社や監査法人の担当者は限られており，証券会社や監査法人は担当する企業数を絞る傾向にあります。

　特に，証券会社ではその傾向が顕著です。大手の証券会社は，時価総額が100億円とか，300億円を超えることが期待できないと上場準備企業と契約をしないなどといわれており，それ以外の中堅証券会社でも，時価総額30億円以上を１つの基準にしているとの声が聞かれます。

　以前は新興市場である東証マザーズに上場した会社は，比較的緩やかな要件をクリアすれば東証一部に市場変更できるというルールがあったため，証券会社にとってもマザーズ上場時，一部への市場変更時と大きなビジネスチャンスがあったのです。ところが，2022年４月に市場再編が行われ，プライム市場にはグロースからの市場変更にも特段の優遇措置は用意されなかったため，新規上場支援は証券会社にとって収益面での魅力が減ってしまったという事情もか

らんでいるようです。

　また，監査法人では，年々，金融庁の監督が厳しくなり，会計監査に対して求められるクオリティが上がることにより，監査の工数も増えてしまうこと，若手の会計士が監査業務を敬遠する傾向があること，などが重なり，慢性的な会計士不足が業界の話題となっています。

　したがって，監査法人も上場準備に入る企業の監査を引き受ける数を絞り，「会計監査に対する知識やスキルを持っていて監査法人の手がかからない企業」「売上や時価総額が一定規模以上となっていて，高額の監査報酬を支払う力のある企業」の監査に力を入れたいという本音があります。

　上場を目指したいのに，主幹事を務める証券会社が見つからない，監査を引き受ける監査法人が見つからない「証券難民」「監査難民」という言葉は，こういった事情から生まれているのです。

　つまり，上場準備に入る企業は，東証よりも前に，まずは証券会社や監査法人に魅力的な事業計画を提示し，証券会社や監査法人が契約するに足りると思わせる必要があるのです。

　東証の上場審査より，証券会社や監査法人の契約というハードルのほうが高くなっている，といっても過言ではありません。

■「高い成長可能性」を感じさせる魅力的な事業計画の作り方

　かつて，いわゆる高度経済成長時代は，国内の人口が増え，需要が飛躍的に伸びていて，需要に供給が追いつかない状態でした。ある意味「作れば売れる」という状況で，誤解を恐れずにいえば，何をやってもある程度うまくいく時代だったといえます。

　しかし，現在の日本は人口が減少に転じ，マーケット自体も縮小しています。したがって，その中でも伸びる市場を見つけたり，海外を視野に入れたビジネスを展開するなど，より戦略性の高い事業計画を策定しなければ，高い成長可能性を認めてもらうことができなくなっています。

　事業計画を作成するにあたっては，東証が「事業計画及び成長可能性に関する事項」として，図表1の各事項の記載を求めていることが参考になります。

図表1　事業計画及び成長可能性に関する記載事項

項目		主な記載内容
ビジネスモデル	事業の内容	製商品・サービスの内容・特徴，事業ごとの寄与度，今後必要となる許認可等の内容やプロセス
	収益構造	収益・費用構造，キャッシュ・フロー獲得の流れ，収益構造に重要な影響を与える条件が定められている契約内容
市場環境	市場規模	具体的な市場（顧客の種別，地域等）の内容および規模
	競合環境	競合の内容，自社のポジショニング，シェア等
競争力の源泉	競争優位性	成長ドライバーとなる技術・知的財産，ビジネスモデル，ノウハウ，ブランド，人材等
事業計画	成長戦略	経営方針・成長戦略，それを実現するための具体的な施策（研究開発，設備投資，マーケティング，人員，資金計画等）
	経営指標	経営上重視する指標（指標として採用する理由，実績値，具体的な目標値など）
	利益計画および前提条件	その内容および前提条件
	進捗状況	前回記載事項の達成状況，前回記載した事項からの更新内容
リスク情報	認識するリスクおよび対応策	成長の実現や事業計画の遂行に重要な影響を与えうる主要なリスクおよびその対応策

　以下，少し長くなりますが，詳細について説明します。

〈ビジネスモデル〉

⑴　事業の内容

　企業グループのビジネスモデルや取り扱っている製商品・サービスの内容，およびそれらの特徴を記載します。事業の流れや，仕入先・販売先等の属性，それらとの関係に触れ，図示することも有用です。

　ビジネスモデルの良し悪しが，上場の成否を決めるもっとも大きな要素であると考えて良いでしょう。

　企業グループが複数の事業を行っている場合には，事業ごとの全社業績における寄与度を，売上高，利益の構成比等を用いて，記載します。将来的な寄与

度の変化が見込まれる場合には，その内容も記載します。特に研究開発やマーケティング等に係る投資が先行することにより，現状，赤字など収益性が低くなっている先行投資型企業においては，将来の事業構成の変化に関する見通しの記載が重要になります。

　また，主要な製商品の販売にあたって，今後，監督官庁の承認が必要な場合には，必要となる許認可等の内容や取得に係るプロセスも記載します。

(2)　事業の収益構造

　企業グループの収益，キャッシュ・フロー獲得の方法や，それに要する主な費用の内容・構成等を記載します。複数の事業を行っている場合には，事業ごとにこれらの内容を記載します。

　将来的な収益構造の変化が見込まれる場合には，その内容についても記載します。特に先行投資型企業においては，将来の収益構造の変化に関する見通しの記載が重要になります。

　契約等において，事業の収益構造に重要な影響を与える条件が定められている場合には，当該契約等の内容（契約等の相手先，契約の概要，重要な影響を与える条件等の内容，影響の程度など）の記載も必要です。例えば，プラットフォーム運営会社との間で収益分配に係る条件が定められている場合や，先行投資型企業において，将来受け取る予定の収入（ロイヤリティ収入等）等に係る条件が定められている場合などがこれにあたります。

〈市場環境〉

(1)　市場規模

　上場準備会社がターゲットとする市場に十分な規模があることや，その市場が今後拡大していくことは，上場審査の追い風になります。

　ターゲットとする具体的な市場の内容（顧客の種別，地域など）および規模を，信憑性・客観性の高いデータ等を用いて記載します。第三者機関が作成したデータ等が想定されていますが，第三者機関が作成したデータ等がない場合，十分な根拠を有したものであるときには各社が独自に測定したものを用いることも認められます。

　ターゲットとする具体的な市場の規模に関するデータ等がない場合でも，投

資者の投資判断に有用と考えられるときには，企業グループの事業が属する市場全体の市場規模について記載します。

　ターゲットとする市場の成長や変化が見込まれる場合には，その成長や変化に対する会社の認識も記載します。

(2)　競合環境

　その市場の中で，自社が一定のシェアを獲得できることや，シェアを拡大できることが求められます。

　主要な製商品・サービスごとに，競合の状況（競合の内容（顧客・地域の重複，代替性など），自社のポジショニング，シェア等）を記載します。

　なお，「競合相手先がない」と分析している会社を見ることがありますが，いずれの市場においても，潜在的な競合相手先や近い将来の競合先も含めて競合相手先がいない市場というのは事実上ないはずで，慎重な検討が必要となります。

〈競争力の源泉（経営資源・競争優位性）〉

　成長ドライバーとなる技術・知的財産，ビジネスモデル，ノウハウ，ブランド，人材（経営陣等）等の状況およびそれらの競争優位性について記載します。

　具体的には，競合他社や既存の製商品・サービスとの差別化を可能とした独自の特徴・強み（例えば，付加価値の高い製品の提供や低コストの提供が可能である点等）について，客観的な事実（例えば，保有している技術の有効性を示すデータ等）を踏まえて記載します。

　なお，先行投資型企業においては，競合他社や既存の製商品・サービスと比較して競争優位性を有することおよび今後その競争優位性を獲得・維持する見込みがあることについて，客観的な事実を踏まえた具体的な記載が特に重要です。

〈事業計画〉

(1)　成長戦略

　事業計画の対象期間については，各社の事業内容，ビジネスモデルに応じて設定すれば良いのですが，期間の設定理由についても記載します。

　また，成長戦略は，上記の競争力の源泉をどのように維持・強化するのかという観点で記載します。

　さらに，当該経営方針・成長戦略を実現するための具体的な施策の内容を記載します。

　また，研究開発計画，設備投資計画，マーケティング計画，人員計画および資金計画などの成長戦略の実行に必要な計画（具体的な目標や達成見込み時期等）を定めます。先行投資型企業においては，研究開発・設備投資・営業活動等の先行投資の内容（成長戦略と結び付けた投資の狙い）および今後の投資計画（事業進捗に応じた投資方針の変更や投資継続の判断に係る考え方を含む）について，記載することが特に重要になります。

　例えば，年ごとの従業員数の増加実績および今後の人員計画の状況などが一例です。一般的には，企業が成長すれば売上高は増加し，それに伴って営業人員の増員，管理部門の人員の強化等，従業員を増員しなければ企業として対応が追い付かなくなります。したがって，売上高に応じて，各部門の人員が適切に増員されている人員計画が必要となります。

⑵　経営指標

　経営上重視している，成長戦略の進捗を示す重要な経営指標（いわゆるKPI）について，当該指標を採用した理由，最近3年間程度の実績値および具体的な目標値を記載します。継続的に進捗を測定できる指標（例えば，ユーザー数，ユーザー1人当たりの単価，顧客獲得単価など）である必要があります。

⑶　利益計画および前提条件

　中期利益計画を公表する場合は，その内容および前提条件を記載します。記載可能な数値のみで足りますが，記載をする場合には，合理的な数値であることが求められます。

⑷　進捗状況

　すでに策定した中期計画に対する達成状況（成長戦略を実現するための具体的な施策の実施状況や，経営指標や利益計画の達成状況など）を記載します。

　例えば，売上高の増加とともに，取引先の数が増えているはずです。取引先の数が毎年横ばいであったならば，高成長している企業とはなかなか認めても

らえません。

〈リスク情報〉

⑴　認識するリスク

　成長の実現や事業計画の遂行に重要な影響を与える可能性があると認識する主要なリスクを，リスクが顕在化する可能性の程度や時期，顕在化した場合の成長の実現や事業計画の遂行に与える影響の内容などとあわせて記載します。

　特に，法令違反に関するリスクについては，自社の事業に関連する法律が網羅的に検討されていることが求められます。法令による規制を認識していなければ，違反を防止する対策を取ることもできないからです。

⑵　リスク対応策

　主要なリスクへの対応策を記載します。

　また，これらの事業計画を遂行するために必要となる事業基盤（営業人員や研究・開発人員等の人的資源，事業拠点や設備等の物的資源，投資資金等の金銭資源など各種経営資源等）が整備されているかや，現時点で整備されていない場合は，上場後において（上場時の調達資金等により）整備される合理的な見込みがあるかなどが，上場審査の過程でチェックされます。

　東証も，高い成長可能性についてWebサイト上に記載上のポイントや開示例を紹介していますので，参考にしてみてください（https://www.jpx.co.jp/equities/improvements/market-structure/nlsgeu000003pd3t-att/nlsgeu000005b3jc.pdf）。

■魅力のある事業計画には自然と人もお金も集まる

　私はこれまでに，新規上場を果たした企業，多額の資金調達を実行した企業を含め，本当にたくさんの企業にかかわってきました。その中で痛切に感じたことが，魅力のある事業計画には人もお金も自然と集まるということです。

　わが国では労働者人口が減り，採用難が叫ばれていますが，魅力的な事業計画がある会社では，これから会社が成長していくというワクワク感，キラキラ感があり，どんどんと若くて優秀な若者が集まってくるので，採用コストはさらに下がり，競合に対する競争優位性が高まります。

　また，魅力的な事業のある会社には，上場準備の段階で証券会社や監査法人と契約がしやすい，上場時に機関投資家や個人投資家の投資が集まり，株価が上がることが期待できるのはもちろん，上場にこだわらなくても，ベンチャーキャピタルやCVC，エンジェル投資家などさまざまな資金調達の話が舞い込みます。

　当然ながら，銀行からの融資を受けることも容易になります。

　人とお金とが集まる会社は，成長が加速し，そうでない会社との差は開く一方です。

　つまり，企業の優位性の原点は事業計画の良し悪しにあるのです。

　ソフトバンクグループの創業者である孫正義さんは，若い頃から事業計画の重要性を語り，投資先の会社の事業計画を吟味しただけでなく，自身の会社の事業計画を策定したり，分析や改善策の検討をするために多くの時間を費やしたそうです。

　企業活動には，営業，製造，管理などいろいろな要素がありますが，魅力的な事業計画を策定できるのは経営者だけです。つまり，魅力的な事業計画作りは経営者の役割であり責務なのです。

　「採用難で人が集まらない」「採用しても，離職率が高くて人材が定着しない」「主幹事証券会社や監査法人がなかなか決まらない」「銀行がお金を貸し渋る」，こんな症状は，すべて事業計画の魅力が足りないことに原因があるかもしれません。こんなことにならないように，経営者の皆様には，日頃から多くの情報に触れ，自社を成長させる方法を常に考え，事業計画をブラッシュアップし続けていただきたいです。

Column

TOKYO PRO Marketで求められる上場準備

　TOKYO PRO Marketは，機関投資家向けの新しい市場で，2022年の東証再編により，人気の高まりを感じます。実際に2024年4月現在で102社が上場しており，年々上場する企業の数も増えています。

　TOKYO PRO Marketでは，一般市場と異なり，上場するために時価総額や株主数などの基準はありません。また，監査役会を設置せず，常勤監査役がいなくても（監査役は必要）上場が認められ，四半期ごとの決算短信が任意とされること，直近1期分の監査期間で上場できる（一般市場は2期分必要）ことなど，上場の門戸が広く開かれているといえると思います。

　一方で，45日以内に決算を発表できるような早期決算の体制をはじめ，規程の整備，内部監査，ガバナンス，コンプライアンスなどの管理体制は，一般市場に上場する場合と同様に構築することが求められます。

　監査法人やJ-Adviserと契約したうえでこのような管理体制を構築するためには，少なくとも年間1,000万円〜3,000万円の管理コストがかかりますが，それでも利益を確保できる収益性があれば，時価総額や売上にかかわらず上場を果たすことができます。

　実際に，売上10億円未満の会社もTOKYO PRO Marketで上場を果たし，そのブランド力でその後の採用や，M&Aで実績を作り，業績を伸ばしている会社が続々と誕生しています。

3　必ずクリアしなければならない予実管理の基本

╲ 最速最短ポイント ╱

- 上場準備を始めた当初から常に予算と実績をぴったり一致させなければならないわけではない
- 予算と実績がずれていた場合には，その原因を分析し，改善策を立てる
- 立てた改善策は必ず実施し，その効果を検証し，検証結果を取締役会に報告する
- 予実をコントロールできるようになったときが上場申請のタイミング

　中期経営計画と年度総合予算という約束を守ることが，上場準備の「背骨」になるとお伝えしました。

　このようにお話しすると，上場準備に入ったら，毎月毎月予算（予定）と実績（結果）を最初からぴったり合わせられなければならないと考えてしまう方がいますが，そのように考える必要はありません。むしろ，上場準備を始めた当初から予算と実績をぴったり合わせられる会社などないといったほうが正しいでしょう。

　もちろん，予算と実績はずれないほうが良いのですが，それより大切なのは，予算と実績がずれてしまった場合の差異分析と改善策の検討です。

■まずは，予実の一致よりも差異分析

　期初に策定した予算を達成するために，毎月の実績と照らし合わせて管理することを「予実管理」（予算実績管理）と呼びます。

　予実管理の基本は月次決算となります。毎月，当月分と期初から当月までの累計の予算（予定）と実績（結果）を並べ，予算と実績の差異を計算します

（図表2）。

図表2　予実差異の報告例

	当月				1-3月合計			
	予算	実績	予実差	予算対比	予算	実績	予実差	予算対比
売上	50,000	40,000	-10,000	80%	160,000	155,000	-5,000	97%
売上原価	25,000	19,000	-6,000	76%	75,000	72,000	-3,000	96%
売上総利益	25,000	21,000	-4,000	84%	85,000	83,000	-2,000	98%
販管費	20,000	20,000	0	100%	70,000	70,000	0	100%
営業利益	5,000	1,000	-4,000	20%	15,000	13,000	-2,000	87%

　例えば，月額会費1万円のスポーツジムを運営する会社が
- 駅前を中心に，新規入会キャンペーンの案内を入れたティッシュを3,000個配る
- 配布したティッシュを受け取った5%（150人）が施設見学に来訪する
- 施設見学者の20%（30人）が新規入会する
- 結果，この月の新規会員の売上は30万円

という予算（予定）を立てていたとします。
　ところが実際には，15万円（15人）しか売上が上がらなかった場合，実績は予算対比50%となります。

　そして，なぜ予定どおりの売上が上げられなかったか，その原因を分析します。
　例えば，

A　施設見学への来訪者が予算150人に対し75人しかなかった。その結果，20%の15人が入会したが，売上は15万円しか上がらなかった。売上未達の原因は施設への見学来訪者が足りなかったことに原因がある

B　施設見学への来訪者は予算どおり150人いた。しかし，その10%の15人しか入会しなかった。売上未達は，見学来訪者の入会率が予想に反し低かったことに原因がある

というように，予定と結果がずれた原因を突き止めるのです。

■分析に対応した改善策を考える

　予定と結果がずれた原因が突き止められたら，次は改善策を検討します。

　先ほどの例でいえば，

Aのケースでは，

- 配布したティッシュを見て施設の見学に来てくれる人の割合を5％でなく2.5％と見込み，月間6,000個のティッシュを配布することにする（改善策①）
- ティッシュ配りでは期待した集客効果が出ないので，新聞の折り込み広告を実施して施設見学来訪者を募る（改善策②）
- 施設来訪者への案内や説明は適切なので，このまま継続する

Bのケースでは，

- ティッシュ配りで十分な集客が期待できる
- せっかく施設を見学してくれた来訪者に施設の魅力が十分に伝わっていないので，見学の内容や施設の説明の仕方を変えてマニュアル化する（改善策①）
- 見学だけでは施設の魅力が十分に伝わらないので，無料の体験レッスン会を実施する（改善策②）

といった改善策を立てることになります。

　ここでは新規顧客を獲得することに基づく売上を例にあげて説明しましたが，その他の売上や売上原価，販管費や営業利益についても同様に予実差異を分析し，改善策を考えます。

　予実の差異が出る原因にはいくつかのパターンがありますので，パターンごとの改善策の立て方については項を改めてご説明します。

■常に年度予算に対する着地見込みを意識する

　予実管理においてもう1つ大切なことは，年度予算に対する着地見込みを常に意識しておくということです。特に売上と利益についての着地見込みを意識することはとても重要になります（図表3）。

図表3　年度予算に対する着地見込みの報告例

	当月				1－3月合計				年度予算			
	予算	実績	予実差	予算対比	予算	実績	予実差	予算対比	予算	着地見込	予実差	予算対比
売上	50,000	40,000	-10,000	80%	160,000	155,000	-5,000	97%	600,000	580,000	-20,000	97%
売上原価	25,000	19,000	-6,000	76%	75,000	72,000	-3,000	96%	300,000	290,000	-10,000	97%
売上総利益	25,000	21,000	-4,000	84%	85,000	83,000	-2,000	98%	300,000	290,000	-10,000	97%
販管費	20,000	20,000	0	100%	70,000	70,000	0	100%	240,000	225,000	-15,000	94%
営業利益	5,000	1,000	-4,000	20%	15,000	13,000	-2,000	87%	60,000	65,000	5,000	108%

　毎月の取締役会では月次決算を分析し、予定どおりに計画が進捗しているかを確認します。期首からそこまでの計画が順調に進捗しているのであれば問題ないのですが、予定どおりに進捗していない場合には改善策を検討します。

　そして、改善策を実施すれば、年度予算を達成することが見込めるかどうかを考えるのです。改善策を実施しても年度予算を達成することができない見通しのときには注意が必要です。

　なぜなら、上場後は公表した予想値と比較して売上であれば10％以上、利益（営業利益、経常利益、純利益）であれば30％以上の差異が生じると見通された時点で、直ちにその内容を開示しなければならない、いわゆる適時開示の義務があるからです（図表4）。

　上場前であっても、年度予算に対して着地見込みが売上で10％、利益で30％以上ずれてしまうと見込まれた場合には、予算修正（いわゆる「下方修正」や「上方修正」）の決議を行うか、少なくとも取締役会に年度予算の見込みが狂い、達成が難しいことを報告し、その旨の議事録を作成保管しておく必要があります。

図表4　適時開示を要する場合

有価証券上場規程（東京証券取引所）抜粋

（予想値の修正等）

第405条

　上場会社は，当該上場会社の属する企業集団の売上高，営業利益，経常利益又は純利益（上場会社がIFRS任意適用会社である場合は，売上高，営業利益，税引前利益，当期利益又は親会社の所有者に帰属する当期利益）について，公表がされた直近の予想値（当該予想値がない場合は，公表がされた前連結会計年度の実績値）に比較して当該上場会社が新たに算出した予想値又は当連結会計年度の決算において差異（投資者の投資判断に及ぼす影響が重要なものとして施行規則で定める基準に該当するものに限る。）が生じた場合は，直ちにその内容を開示しなければならない。

有価証券上場規程施行規則（東京証券取引所）抜粋

（上場会社の予想値の修正）

第407条

　規程第405条第1項に規定する投資者の投資判断に及ぼす影響が重要なものとして施行規則で定める基準は，次の各号に掲げる区分に従い，当該各号に定めることとする。

（1）　企業集団の売上高

　新たに算出した予想値又は当連結会計年度の決算における数値を公表がされた直近の予想値（当該予想値がない場合は，公表がされた前連結会計年度の実績値）で除して得た数値が1．1以上又は0．9以下であること。

（2）　企業集団の営業利益

　新たに算出した予想値又は当連結会計年度の決算における数値を公表がされた直近の予想値（当該予想値がない場合は，公表がされた前連結会計年度の実績値）で除して得た数値が1．3以上又は0．7以下（公表がされた直近の予想値又は当該予想値がない場合における公表がされた前連結会計年度の実績値がゼロの場合はすべてこの基準に該当することとする。）であること。

（3）　企業集団の経常利益（上場会社がIFRS任意適用会社である場合は，税引前利益）

　新たに算出した予想値又は当連結会計年度の決算における数値を公表がされた直近の予想値（当該予想値がない場合は，公表がされた前連結会計年度の実績値）で除して得た数値が1．3以上又は0．7以下（公表がされた直近の予想値又は当該予想値がない場合における公表がされた前連結会計年度の実績値がゼロの場合はすべてこの基準に該当することとする。）であること。

（4）　企業集団の純利益（上場会社がIFRS任意適用会社である場合は，当期利益及び親会社の所有者に帰属する当期利益）

　新たに算出した予想値又は当連結会計年度の決算における数値を公表がされた直近の予想値（当該予想値がない場合は，公表がされた前連結会計年度の実績値）で除して得た数値が1．3以上又は0．7以下（公表がされた直近の予想値又は当該予想値がない場合における公表がされた前連結会計年度の実績値がゼロの場合はすべてこの基準に該当することとする。）であること。

> 2　連結財務諸表を作成すべき会社でない会社に対する前項の規定の適用については，同項中「企業集団」とあるのは「上場会社」と，「連結会計年度」とあるのは「事業年度」とする。

■話し合われた改善策の実施とその検証

　予実差異の分析を行い，想定どおりに進捗していない事項については，改善案を検討する必要があることについては前述しました。

　もちろん，改善策は検討して終わりではなく，実施する必要があります。

　さらに，改善策を実施したら，その改善策が予定どおり功を奏したか，それとも改善策も予想に反して効果がなかったかを検証しなければなりません。

　改善策を立てたまでは良いものの，その後，この改善策の効果が検証されないままになってしまう会社が少なくありません。

　「施策を立てる」「実施する」「効果を検証する」は3つで1セットです。改善策を実施したら，必ずその効果を検証し，その検証結果についても取締役会で報告されている必要があるのです。

　このようにして予実差異を分析し，改善策を立てて実施し検証する。

　これを繰り返すことによって，次第に計画の段階で結果を正確に予想することができるようになり，予実の精度が上がっていきます。

　証券会社は，このようにして上場準備会社が予実の精度を上げられているかを見ていますから，上場準備を始めた当初に予実が合わなくても，徐々に予実の精度が上がってくれば問題がありません。

　どのようなPDCAサイクルを回せば予実の精度を高めることができるかについては項を改めてお伝えします。

4 年度総合予算の上手な作り方

毎年の年度総合予算を作ることは計画的な経営の基本であり，土台です。本項では，上手な年度総合予算の作り方について解説をします。

■トップダウンか？　ボトムアップか？

予算の作り方としては，社長などリーダーが決めてメンバーに伝えるトップダウン方式と，メンバーがそれぞれの目標を決め，それらを積み上げてチームの目標とするボトムアップ方式の2種類が考えられます。そして，一般的にはどちらの方式にもメリットとデメリットがあります。

まず，トップダウン方式は，高い目標を設定しやすいというメリットがあります。しかし，一方で，メンバーは「上からやらされている」と感じ，本気になりにくいというデメリットがあります。

次に，ボトムアップ方式は，各部署やメンバー1人ひとりが「自分で決めた目標だ」という当事者意識を持ちやすいというメリットがあります。一方で，チャレンジよりも安全に達成できることを優先しがちで，高い目標になりにくいというデメリットがあります。

どちらにもメリットとデメリットがあるのですから，できれば両方のメリットを取って予算作りができるのが理想なのですが，あえてどちらがベースかと

いえば，私はトップダウンがベースであると考えています。

　なぜなら，会社の予算とは会社の目標であり，いい換えればそれは会社の「意志」だからです。会社といういわば無機物に本当の意志を吹き込めるのはトップしかいないのです。

　また，リーダーが本気でないのに，メンバーが本気になることは絶対にありません。社長が本気でないのに部長が本気になることはありませんし，部長が本気でないのに部のメンバーが本気になることもありません。ですから，トップが「なにがなんでもこの目標を達成したい」「こんな会社の姿を作りたい」と思いがあふれる予算案を作り，情熱を持ってメンバーに伝えていくことが予算作りの基本だと思います。

■予算管理規程に基づいた予算作り

　もっとも，トップダウンが予算作りのベースとはいえ，上場会社には予算の内容や策定の手続の側面からもガバナンスが効いていることが求められます。

　トップダウンが強すぎて，現場は「こんな数字はできるわけはない」と最初からあきらめムードだったり，最悪のケースでは，現場には予算が伝わっていなかったというのでは，到底上場は果たせません。

　そこで，トップの意志を明確にしつつも，各部門や現場の意見を尊重し，また経営陣と現場が認識を共有できる予算を作らなければなりません。

　具体的な予算の策定方法および手続は**図表5**のとおりです。

　上場準備に入った段階では，各事業部門に人材がそろっていないことも多く，これらをすべて実施することは難しいかも知れませんが，上場準備期間を通じて理想に近づけるためにはどうすればいいか，取り入れられることを1つずつ増やしていってください。

① 　経営企画室が，中期経営計画で定められた方針や景気動向，業界動向などに基づきながら全体予算方針を立案します。

② 　経営企画室は，立案した全体予算方針を各部門の責任者（各事業部長）と共有し，調整します。

③ 　経営企画室は，各部門の責任者と調整した全体予算方針について社長の承

24

図表5　予算策定の手順

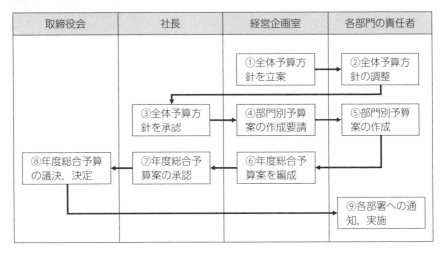

取締役会	社長	経営企画室	各部門の責任者
		①全体予算方針を立案	②全体予算方針の調整
	③全体予算方針を承認	④部門別予算案の作成要請	⑤部門別予算案の作成
⑧年度総合予算の議決，決定	⑦年度総合予算案の承認	⑥年度総合予算案を編成	
			⑨各部署への通知，実施

認を得て決定します。

④　経営企画室は，決定された全体予算方針を各部門の予算策定責任者に伝え，部門別予算案の作成を求めます。

⑤　各部門の責任者は，部門別予算案を作成します。

⑥　経営企画室は，各部門の予算策定責任者によって作成，提出された部門別予算案を調整して，年度総合予算案を編成します。

⑦　年度総合予算案について社長の承認を受けます。

⑧　社長の承認を受けた年度総合予算案を取締役会に付議し，年度総合予算として決定します。

⑨　決定された年度総合予算は各部署に通知され，実施に移されます。

■予算管理規程を整備する

　上場審査では会社運営がルールに従って行われていることが求められます。事業計画や予算の編成，予実差異の分析などの予算統制についても当然ながら，ルールに従った運用が求められることになります。

　そして，予算の策定や統制に関する社内ルールが「予算管理規程」です。

　規程の整備については改めて詳しくお話しますが，**図表6**に予算管理規程の

一例をあげておきます。

　上場準備の過程では，組織の充実とともに予算の編成を担当する人や部署が変わっていくことがあります。その場合には，実態に合わせて，予算管理規程も改定する必要があります。

図表6　予算管理規程（例）

予算管理規程

第1条　（目的）
本規程による予算管理は，中期経営計画にもとづき，期間利益を確保し，これを明確な計数によって表示し，これにより各部門の責任範囲を明確にし，併せて部門活動を管理・統制するとともに，予算と実績の差異分析を通じて経営効率の改善向上に資することを目的とする。

第2条　（適用範囲）
予算の適用は，未来創造株式会社の全般にわたり適用する。

第3条　（中期経営計画）
中期経営計画は，未来創造株式会社の経営企画室が，経営方針に基づき，経済情勢，業界の動向を勘案し，関連部門と協議のうえ原案を作成し，代表取締役社長（以下「社長」とする）の承認を受けて未来創造株式会社取締役会に付議し，決定する。
　2．中期経営計画は，3年間の事業計画を策定し，1年を経過する毎に，経済情勢，企業環境等を勘案し，見直しを行う。

第4条　（年度総合予算）
年度総合予算（以下，予算という）の体系及び種類は次のとおりとする。

総合予算 （見積貸借対照表） （見積損益計算書） （見積資金収支表）	損益予算	売上予算	
		原価予算	
		販売費及び 一般管理費予算	人件費予算 （要員計画）
			販売費予算
			諸経費予算
		営業外損益予算	営業外収益予算
			営業外費用予算
	資金計画		

第5条　（予算期間）
予算期間は，次のとおりとし，会社の会計年度と一致させた年度予算とし，これを四半期及び月次予算と区分して管理・統制する。
　　中期計画　　3年間
　　年度予算　　4月1日〜翌年3月31日
　　四半期予算　第1Q　　4月1日〜　6月30日
　　　　　　　　第2Q　　7月1日〜　9月30日
　　　　　　　　第3Q　10月1日〜12月31日
　　　　　　　　第4Q　　1月1日〜　3月31日
　　月次予算　　毎月1日〜当月末日

第6条　（予算管理）
予算管理は，数量及び金額によって行う。

第7条　（総括責任者）
総合予算の総括責任者は社長とする。社長の予算に関する職能は，以下のとおりとする。
⑴　全体予算方針の承認
⑵　部門別予算案の総合調整及び総合予算案の編成に関する助言
⑶　予算の策定過程，執行過程及び執行結果の総合分析
⑷　予算の立案，執行及び管理に関する関係部門への指示，助言及び援助
⑸　全社予算実績の作成
⑹　予算管理規程の改廃の立案

第8条　（部門別予算管理の主管責任者）
部門別予算管理の主管責任者は部門長とし，その職務は以下のとおりとする。
⑴　部門別予算案の立案
⑵　部門別予算の執行過程及び執行結果に対する差異分析

第9条　（予算審議）
予算は未来創造株式会社の取締役会にて，以下の事項を決議する。
⑴　総合予算編成方針案
⑵　総合予算案及び部門別予算案
⑶　予算の執行過程及び執行結果の総合分析に関する事項
⑷　追加予算案及び修正予算案

第10条　（中期経営計画との連携）
社長は，総合予算編成にあたっては，中期経営計画と年度総合予算の消化状況を勘案しなければならない。

第11条　（総合予算編成方針）
総合予算の編成方針は，未来創造株式会社経営企画室が立案し，社長の承認を受けた上で未来創造株式会社取締役会にて決定する。

２．総合予算の編成方針は，当該期間における以下の各項目による。
⑴　営業方針及び計画
⑵　利益計画
⑶　設備投資方針及び計画
⑷　資金計画
⑸　その他

第12条　（部門予算案）
部門担当の責任者は，総合予算編成方針に基づき，部門別予算案を立案して，総合予算の総括責任者に提出する。

第13条　（総合予算）
経営企画室は，第12条によって提出された部門別予算案と，総合予算編成方針との総合的な調整を行い，総合予算案を編成する。
２．前項の調整を経て作成された，総合予算案及び部門別予算案は，未来創造株式会社取締役会の決議を得て最終予算として決定される。

第14条　（予算管理の時点）
予算管理の時点は，原則として損益予算については発生主義もしくは実現主義，資金予算については現金主義による。但し，発生主義，実現主義または現金主義によることができない事項については，別途合理的な方法による。

第15条　（予実分析及び報告）
経営会議にて，月次の成果発表及び差異分析を行い，その改善策を講ずる。
⑴　各部門の責任者は，所管にかかる予算と実績の比較，差異原因及びこれに対する処理について説明する。
⑵　前号の説明に対し，質疑及び意見の発表を行う。
２．財務経理担当本部長は前項の分析結果を基に月次報告書を作成し，予算達成に及ぼす影響についての内容と対策並びに半期及び通期の業績予想を未来創造株式会社取締役会に報告しなければならない。

第16条　（予算統制）
予算の統制は，原則として金額統制による。但し，必要ある場合は，数量統制，項目統制及び原価単位統制を併用する。
２．各種統制方法は以下による。
⑴　金額統制予算を金額面より統制する方法をいう。
⑵　数量統制予算を数量面より統制する方法をいう。
⑶　項目統制予算の内容を，項目別に実行の可否により統制する方法をいう。
⑷　原価単位統制予算の内容を，原価単位別に統制する方法をいう。

第17条　（予算の修正）
予算の修正は原則としてこれを行わない。但し，予算の執行途中において，経営環境の

変化その他特別の事由によって，予算の執行に重大な影響を生ずると認められる場合は，担当部門長の申請によって予算を修正することができる。
2．修正予算については未来創造株式会社取締役会にて決定する。

第18条　（規程の改廃）
本規程の改廃は「諸規程管理規程」の定めによる。

■予算の編成は３か月前から

　前述のとおり，予算は経営陣（特にトップ）が強い意志の下，会社のありたい姿を数字に落とし込むのですが，一方で各部門で現場の意見を聞き，調整を図りながら作っていく必要があります。

　経営側と現場との意見交換には時間がかかります。

　ですから，遅くとも新しい期が始まる３か月前には予算の編成に着手する必要があります。この時期は，当期の予算を達成するために期末の追い込みの時期と重なりますが，当期の予算達成と次の期の予算編成を同時にこなせるようになってください。

　あらかじめ
・全体予算方針の立案期限
・全体予算方針の各部門との調整スケジュール
・部門別予算の作成期限
・部門別予算の調整スケジュール
を早い段階で決めておくとよいでしょう。

　くれぐれも，期末になってからあわてて翌期の予算の検討を始め，経営陣と現場との調整に手間取った結果，新しい期が始まっても予算が決定していない（取締役会で決議ができていない）という事態にならないようにしてください。

■予算には「仮説」があることが大切

　予算には根拠が必要です。
　具体的には「アクションプラン（行動計画）」と「仮説」です。
　前述のスポーツジムの例で説明しましょう。
　月額１万円のスポーツジムを運営する会社が

- 駅前を中心に入会キャンペーンの案内を入れたティッシュを3,000個配る
- 配布したティッシュを受け取った5％（150人）が施設見学に来訪する
- 施設見学者の20％（30人）が新規入会する
- 結果，この月の新規会員の売上は30万円

という予算（予定）を立てていたとします。

　この場合の

- ティッシュを3,000個配る
- 施設見学者を案内し，入会を勧める

という部分がアクションプラン，

- ティッシュを配れば5％の人が施設見学に来訪する（A）
- 施設見学者に入会を勧めれば20％の人が新規に入会する（B）

という部分が仮説です。

　仮説があるからこそ，

A　ティッシュを3,000個配ったら施設見学への来訪者が150人（5％）あると
　予想したのに，実際は75人（2.5％）しかなかった。
　　→ティッシュの配布を2倍の6,000個に増やそう
　　→ティッシュ配りは効果的でないので，新聞の折り込み広告を利用しよう

B　施設見学への来訪者の20％が入会すると予想したのに，実際は10％（15
　人）しか入会しなかった。
　　→施設見学してくれた来訪者に施設の魅力が十分に伝わっていないので，見
　　　学の内容や施設の説明の仕方を変えてマニュアル化しよう
　　→見学だけでは施設の魅力が十分に伝わらないので，無料の体験レッスン会
　　　を実施しよう

という改善策を考えることができます。

　もし，ここに

- 駅前を中心に，新規入会キャンペーンの案内を入れたティッシュを3,000個
　配る
- 結果，新規会員が30人増え，この月の新規会員の売上は30万円となる

という計画しかなかったとしたら，実際には15万円（15人）しか売上が上がらなかったとしても，どのような改善策を立てればいいのかが検討できません。

その結果，施設来訪者への案内や説明は適切なのに「見学者への対応が悪い」と社員教育に時間を使いすぎてしまったり，ティッシュ配りで十分な集客ができているのに「やっぱり折り込み広告をつかってみよう」と見当外れな改善策を立ててしまう危険があります。

「ティッシュの配布個数」「施設見学への来訪率」「施設見学者の新規入会率」をKPIとして，それぞれの数値の間にはどのような相関関係があると「予想」するのか，この予想が「仮説」です。

もちろん，仮説は予想に過ぎないので外れることもありますが，外れたときは新たな予想＝仮説を立てればいいのです。

予算を作る段階で，後日，予想が当たっていたかどうかの検証をすることまで意識をして「仮説」を立てるようにしてください。

ナスダック上場という選択肢

　東証の再編によりグロース市場への上場ハードルがあがり，TOKYO PRO Marketへ上場する企業が増えていることは前にお伝えしました。

　実は，もう1つ注目されている市場があります。それが，米国のナスダック（NASDAQ）市場です。ナスダックは，全米証券業協会が運営している市場で，米国の代表的な株式市場の1つです。主にハイテク企業やIT関連の企業など新興企業が占める割合も多く，新興企業向け株式市場の中でも世界最大の規模を誇ります。

　年間の売上高が一定水準未満の企業では内部統制が一定期間免除されるため，内部統制について厳しい整備を求める日本の市場に比べて短い準備期間で上場を果たすことができ，早ければ1年未満の上場準備期間で上場する会社もあります。また，世界的に注目されている市場であるため，日本で上場した場合に比べて多くの資金調達を実現することができる可能性もあります。

　一方で，ナスダックへの上場には，各種書類の電子化・英訳，米国の会計基準に従った財務諸表の作成や，米国の監査法人の監査対応などが必要となり，英語力を前提とした人員の確保と日米双方の基準に対応した決算体制というコストに耐えられる収益性が必要となります。

　また，上場後は純資産や株価が一定水準以上を満たしていることが求められるほか，内部統制の構築も求められるようになるため，業績が悪化したり，内部統制の構築がうまくできなかったりすると上場廃止の可能性が高まってしまいます。

　日本の大学は入学するのが難しく卒業するのは比較的簡単，米国の大学は入学しやすいけど卒業が難しいといわれていますが，ナスダック市場も「上場するのは比較的簡単だが，上場維持するのは難しい」といえるかもしれません。

5 予実を合わせるためのPDCA サイクルの回し方

＼最速最短ポイント／

- 予想どおりに進捗しないときに，予算策定時の仮説のどこに狂いが生じ たのかを分析する
- 予想どおりに進捗しないときは，「計画を実行したのに予想どおりの結 果が出ない」のか「計画を実行できなかったから」なのかを分析する

毎月の月次の進捗が当初の予算どおりであるのが理想ですが，それだけで上場を果たせるわけではありません。それより，思いどおりに数字が伸びなかったり，予想外の事態が発生してしまったときにどのように対処しているかを主幹事証券会社はよく見ています。

そこで，ここでは，予算が予定どおりに進捗していないときのアクションプランの修正方法についてお伝えします。

■「Ｐ」「Ｄ」が上手な会社より，「Ｃ」「Ａ」が上手な会社を目指す

予算を達成するためにPlan（計画）→ Do（実行）→ Check（評価）→ Action（改善）の４段階を繰り返して継続的な改善を行う手法は「PDCAサイクル」と呼ばれ，今やビジネスの世界ではスタンダードになっているといえます（図表7）。

未来を的確に予想して用意周到にアクションを考えられる企業，すなわちPlan（計画）の上手な企業が予実を合わせやすいと思われがちですが，必ずしもそうではありません。

上場申請期や上場後に予実を上手に合わせられている企業は，例外なく，Do（実行）とAction（改善）が上手な企業です。

図表7　PDCAサイクル

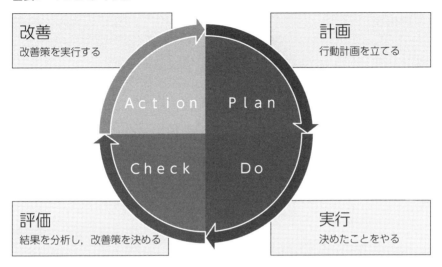

　予定どおりに結果が出ないとき，考えられるパターンは実は2つしかありません（**図表8**）。

図表8　予定どおりに結果が出ない2つの理由と修正法

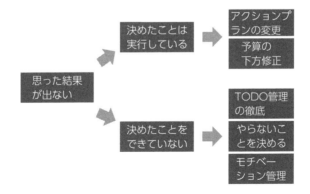

(A) アクションプランどおりに決めたことは実行したけれど思ったような結果
　が出なかった

(B) アクションプランとして計画したとおりに実行できなかった
のどちらかです。

　まず，予定どおりに進捗しない原因が(A)(B)どちらにあるのかをはっきりさせ
てください。どちらに原因があるのかあいまいなまま次のアクションプランを
決めてしまうと，結局改善策が功を奏したのかどうかも検証できず，結果的に
PDCAサイクルが回りません。

　そして，予定どおりに進捗しない原因が(A)「アクションプランどおりに決め
たことは実行したけれど思ったような結果が出なかった」にある場合には，あ
らかじめ想定したどのアクションプランから期待した結果が出なかったのかを
突き止め，アクションプランの追加や改善を行います。
　ここでは，セミナー営業により，労務管理システムをSaaSで提供する企業が，
「毎月20件の新規契約を獲得する」という月次目標を設定したという事例を
使って説明します。

（設定事例）
【1】　5,000社の人事労務担当者にセミナー開催のDMを送付する
【2】　セミナーに100社の人事労務担当者に参加してもらう
【3】　セミナー終了時にアンケートを回収し，自社のサービスに興味のあ
　　　りそうな40社と個別のアポをとり，ニーズの聞き出しや商品説明を行う
【4】　20社に新規契約をしていただく

　このアクションプランは以下のような構造になっています。
【1→2】　毎月5,000社にDMを送付すれば，100社のセミナー参加者を集めら
　れる

　　想定参加率　100÷5,000　＝　2％
【2→3】　100社参加のセミナーを開催すれば，40社の個別アポが取れる

　　想定アポ率　40 ÷ 100 = 40%
【3→4】　40社のニーズを聞き出すことで，20社の契約を獲得できる
　　想定契約率　20 ÷ 40　= 50%

　そこで，これらのうちどの段階でつまずいているかを確認すれば，自然とアクションプランにどのような調整を加えれば良いかが見えてきます。
　例えば，次のような形です。

【1→2】　5,000社にDMを送付したのに，セミナーには50社しか参加がなかった
　　実績参加率　50 ÷ 5,000 =　1 %
（対策）
• DMを毎月 1 万社に送付することにする
• DM集客は効率が悪いので，メルマガ集客にシフトする

【2→3】　セミナーには100社の参加があったが，個別アポは20社しか取れなかった
　　実績アポ率　20÷100＝20%
（対策）
• セミナーの参加企業を200社に増やす
• アポ取りをメールだけでなく電話がけでも行う

【3→4】　40社との個別アポが取れたが，成約したのは10社だけだった
　　実績契約率　10÷40＝25%
（対策）
• ニーズの聞き取りシートを作成し，サービス説明の資料や説明手順を改める
• 商談には必ず 5 年目以上の社員を同行させる

　ここで決めた改善策を実行すれば，まだ今期の予算は達成できるという場合には，すみやかに改善したアクションプランを実行に移します。

36

一方，考えられる改善策を実行しても今期の予算を達成することは難しいという状況の場合には，予算の下方修正を行う必要があります。上場会社では，当初の予想が外れてしまった場合，売上で10%，利益で30%以上のズレが見込まれた時点で適時開示の対象となります。

■計画を実行できていないときの対処法

一方，予定どおりに進捗しない原因が(B)「アクションプランとして計画したとおりに実行できなかった」場合には，以下のような対策が必要です。

① TODO管理の徹底

各部署，各社員がやるべきアクションプラン，日々の行動が，現場の社員に伝わっていない可能性があります。改めて日々のアクションプランを1人ひとりの社員に伝える（伝わる）工夫をしたうえで，実際に社員が日々，決められたプランを実行しているかを管理できるしくみやシステムを構築します。

② やらないことを決める

1人ひとりの社員にアクションプランが伝わっているのに実行されていない場合，社員のタスクが多すぎで，物理的にすべてのタスクを完了することができていないという可能性があります。その場合には，次々とタスクを増やすのではなく，タスクを増やす場合には同じ数だけ優先度の低いタスクを取り消してあげることが有効です。新たにやることを増やすなら，同じ数だけやらないことも決めるということです。

③ モチベーション管理

それでも社員が動かない場合には，そのアクションプランを実行するモチベーションが働いていない可能性があります。その場合には，アクションプランを実行することでどんな結果が期待できるかや，その結果が出たときに会社や個人にとってどのような意味があるのかなど，計画や達成の意義から説明し，理解してもらうことが有用です。

■PDCAが回らない会社の4つの原因

上場準備を開始した当初は，予実を合わせるのに苦労した会社も，このようにPDCAサイクルを回すことにより，次第にアクションプランから期待できる

結果の予想が大きく外れないようになり，予実の精度が上がってきます。

　一方で，何年経っても予実の精度が上がらない会社には，このPDCAサイクルのどこかに問題があります。この場合の原因は4つ考えられますので，1つずつ原因をつぶしていってください。

① 未達の原因が「P」にあるのか「D」にあるのかを分析していない

　予定どおりに進捗しなかった原因が(A)「アクションプランどおりに決めたことは実行したけれど思ったような結果が出なかった」からなのか，(B)「アクションプランとして計画したとおりに実行できなかった」からなのかを分けて分析していないケースです。

② 実行したアクションプランの効果を検証していない

　当初の計画で予想どおりの結果を出せたのか，それともうまくいっていないのかを検証しないまま，次のことを始めてしまうというケースです。

③ アクションプランに仮説がなかった

　例えば，ラーメン屋さんが集客のために看板を掛け替えたものの，看板を変えることでなぜ客が増えるのか，どのくらい増えるのかを考えていなかったというケースです。

④ 検証できるアクションプランになっていなかった

　スポーツクラブが集客のために，駅前に看板を出す，ティッシュを配る，ウェブサイトをリニューアルするというアクションプランを実行したものの，新規に獲得した顧客がどうやって自社のことを知ったかがわからないというケースです。

　この場合には，新規入会者にアンケートを実施し，「このスポーツクラブを知ったきっかけはなんですか」という質問項目を作ることで，検証できるアクションプランにすることができます。

　売上が10億円を超えるような企業でも，このように「P」や「D」の段階に問題のある会社は少なくありません。

　このような状態を放置しても，有効な改善策が打てないため，延々と「P」と「D」を繰り返す会社になってしまいます（図表9）。そうならないよう，上場準備の早い段階から，「仮説のあるアクションプラン作り」「未達の場合の

38

原因の分析」を大切にしていただきたいと思います。

図表9　PDCAサイクルが回らない会社

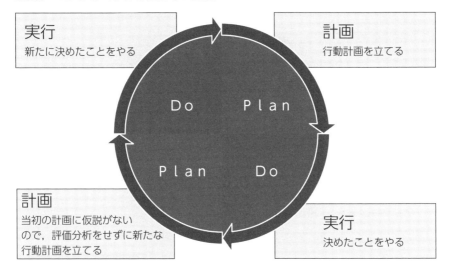

第 2 章

会社のルールはすべて
社内規程として整備する

1 社内規程の３つの柱

＼最速最短ポイント／

- まずは規程の柱として権限規程，職務分掌，稟議規程の３つを作り込む
- 特に稟議規程は，改定するたびに現場が混乱する可能性があるので，できるだけ早い段階で社内の実態に合わせた規程を整備するのが好ましい

社内規程の整備は，上場準備における管理部門の整備の山場となります。

規程の整備は，ひな型を見つけてコピーをするという作業ではうまくいくことはありませんので，本項では，なぜ上場するためには規程の整備が必要なのかという根本からお伝えします。

■権限規程，職務分掌，稟議規程が３本柱

創業間もない会社は，株主でもある経営者が主導して事業を成長させるのが一般的です。社員が少ないうちは，トップに会社の権限を集中させたほうが迅速な意思決定ができることもあり，効率の観点からも理にかなうものです。

しかし，上場準備の段階に入ると，権限委譲を進める必要があります。

なぜなら，

① 経営者に依存する経営は，経営者に事故などがあった場合に存続を危ぶむ事態に陥るリスクがあること

② 経営者の役割が，日々の現場の運営から，中長期的なビジョンと戦略の策定へと変化すること

③ 各部門を任せる部門長を育成する必要があること

などの理由があるからです。

権限委譲のファーストステップは，権限規程の策定です。

権限規程というのは，どの権限はトップに残し，どの権限を下に委譲するの

かを決めて，トップやその下だけでなく，組織全員が社内の権限を理解して行動できるようにするためのルールです。もちろん，権限の委譲とともに責任も移ることになります。

　2つめのステップとして，部署ごとの役割を明確にする職務分掌を作ります。各部署の責任を明確にするとともに部門間調整などの無駄を省く効果があります。

　権限委譲を定める権限規程が縦の関係の整理であるとすれば，職務分掌は横の関係の整理ということになります（**図表10**）。

　その後，3つめのステップとして，会社の意思決定のプロセスのルールとなる稟議規程を作ります。複数の階層にまたがる意思決定過程を文書化するもので，決裁権限を分散させるとともに，その手続をルール化するものです。

　権限規程，職務分掌，稟議規程が社内規程の柱となります。

図表10　権限規程と職務分掌の関係

	営業	製造	開発	調達	管理	職務分掌
取締役	3,000万円					
部長	300万円					
課長	30万円					
係長	それ以下					

権限規程

■権限規程

　権限規程では各意思決定項目について，承認権限者をどの階層にするかを決めることになります。質的な重要性・量的な重要性を考えながら配置します。

　例えば，M&Aなど資本に影響を与える契約締結については，質的に重要なので，金額にかかわらず取締役会の承認を必要とします。

　一方，経費の支払などは量的重要性になじむため，例えば100万円までは部長決裁，1,000万円までは担当取締役決裁といったように，金額に応じて承認階層を決めます。

　なお，法律で取締役会の決議が必要と定める事項については，必ず取締役会に決定権限を与えなければならないので注意してください（法律上取締役会の決議が必要な事項については**第5章**で解説します）。

　権限規程を策定するにあたっては，現在はどのような事項を取締役会の決議で決めているか，どのような事項を社長が決めているか，どのような事項を担当取締役が決めているか，どのような事項について部長の裁量があるかなど「現状」に合わせて権限を決めることが基本となります。

　ただし，現状に合わせると社長やCOOなど特定の人に決裁事項が集中してしまうような場合には，これを意識的に権限を下位の者へ委譲し，現状を変更すると良いでしょう。

　図表11は権限規程の例です。**図表12**のように別表を付けることでわかりやすくなります。

図表11　職務権限規程（例）

職務権限規程

第1章　総　則
（目　的）
第1条　この規程は，当社の業務執行に関する各職位の責任と権限を明確に定め，もって業務の組織的かつ能率的な運営を図ることを目的とする。
（用語の定義）
第2条　この規程における用語の定義は，以下のとおりである。
⑴　職位とは，管理組織上の地位をいう。
⑵　職務とは，当社の業務のうち，各職位の責務を全うするために遂行すべき具体的な業務をいう。
⑶　権限とは，職務の遂行に当たり，その行為の効力を最終的に発生させ，その実施を指令する機能及びその限界をいう。
⑷　責任とは，担当職務について生じる結果についての責めを負うことをいう。
⑸　決定とは，自己の責任と裁量によって，方針を決定し立案し，その執行を許可することをいう。

---

(6)　承認とは，一定の職務または行為が，上級職位もしくは特定の職位の同意を条件として求められている場合，その上級職位もしくは特定の職位が与える同意行為をいう。

(7)　命令とは，指令系統に基づいて部下に業務の遂行を命ずることをいう。

(8)　勧告とは，決定，命令の権限のある職位に対して，専門的，技術的立場から勧告することをいい，もし勧告に従うことができない相当の理由がある場合には，勧告者にその旨連絡しなければならない。

(9)　助言とは，決定，命令の権限のある職位に対して専門的，技術的立場より進言することをいう。

(10)　審査とは，申請の内容要件その他について，一定の基準に照らして調査し判定することをいう。

第 2 章　責任・権限
(職位の責任・権限)
第 3 条　各職位には，明確な責任の範囲と，その責任遂行に必要な権限が与えられる。
(権限行使の基準)
第 4 条　各職位の権限は，その行使についてあらかじめ設定された基準に従って行使されなければならない。
(権限の行使者)
第 5 条　権限は，原則として職務を処理する立場にある職位のものが，自らの責任において行使するものとする。
(報告の義務)
第 6 条　自己の職務を遂行したとき，または権限を行使したときは，その結果について必要な事項を直属上級職位者に必ず報告しなければならない。

第 3 章　基本職務
(権限基準)
第 7 条　各職位の職務権限基準は，別表に定めるとおりとする。

附　則
(改　廃)
第 8 条　この規程の改廃は，取締役会の決議により，取締役社長がこれを決裁する。

図表12　職務権限表（例）

職務権限表		取締役会	担当取締役	経営企画部長	人事部長	経理部長	営業部長
	項目						
経営企画	経営理念・方針・計画の決定・変更						
	年度経営計画・予算の決定・変更						
	部門の年次計画の検討・決定						
	業務の社外委託						
業務	会社印の押印						
	代表者印の押印						
	見積書の適正値引きの決定・検印						
	幹部会議への出席参加						
人事	組織・職務分掌・職務権限の決定						
	部内人事配置						
	正社員の採用						
	アルバイト社員の採用						
	出張の命令						
経理	経費の支出（予算の執行）						
	会計帳簿・台帳・伝票の確認・承認						
	金庫の管理・取扱						
営業	契約書の承認（3,000万円以上）						
	契約書の承認（3,000万円未満）						
	新規取引先の承認						
	支払条件の変更						

■職務分掌

　職務分掌を作る際には，部門ごとの人的リソースを考慮することが大切です。人的リソースが足りない部署に過度に業務が集中することを避けるためです。

　当然のことですが，社内の業務を網羅的に記載し，かつ業務の重複が生じないように規定してください。

　まずは，社内で日々行われている業務を網羅的に書き出してみることが必要です。その際には，特定の部署の少数の担当者では社内の業務を網羅的に把握し切れていないことがほとんどなので，各部署の社員にヒアリングをして回ることが有用です。

　そのうえで，現在はどの業務をどの部署の社員が担当しているかを確認します。複数の部署が掛け持ちをしていたり，担当する部署があいまいな場合があることに気づくはずです。

　このことをふまえ，どの業務をどの部署に担当させることが業務の効率化につながり，かつ部署間の負担が公平に配分されるかを考えて職務分掌を策定します。もちろん，業務量に合わせて各部署の人員を再配置することを検討してもいいでしょう。

　また，第4章で詳しく解説しますが，兼任関係にも注意する必要があります。タテの兼任（営業担当取締役が営業部長を兼ねる例）はやむを得ないとしても，ヨコの兼任（営業と製造を同一の部署や人で担当すること）は避けなければなりません。特に，管理と営業の兼任や，管理の中でも経理と財務の兼任は相互牽制が効かないので認められません。

　なお，職務分掌は，組織図とセットで考えます。会社が小さい段階では頻繁に組織図を書き換えることがあります。職務分掌や組織図が会社の成長とともに繰り返し変更されることは問題ありませんが，組織図が変更された場合には，その都度，職務分掌も見直す必要があります。

　図表13は職務分掌規程の例です。

図表13　職務分掌規程（例）

職務分掌規程

第1条　（目的）
この規程は，各組織単位が分掌する業務の範囲を明確にし，組織的かつ能率的な会社運営を図ることを目的とする。

第2条　（組織単位）
この規程による組織単位は，当社組織図で示したものをいう。

第3条　（業務分掌）
各組織単位が分掌する業務は，別紙のとおりとする。

付 則
第1条　（規程の改廃）
この規程の改廃は，規程管理規程による。

第2条　（実施期日）
この規程は，○○○○年○○月○○日より実施する。

（別紙1）
【各部署】
（共通業務）
　1．所管業務の計画に関する事項
　2．所管業務の予算の立案，実施，分析に関する事項
　3．所管業務施策上の申請・実行に関する事項
　4．所管の服務管理に関する事項
　5．所管の人事考課に関する事項
　6．所管の庶務に関する事項
　7．所管の備品，消耗品等の管理に関する事項
　8．所管の出張等管理に関する事項
　9．所管の金銭支出，入金に関する事項
10．所管業務における規程の制定・整備および統制に関する事項
11．顧客への情報提供に関する事項
12．顧客ニーズの把握，掘り起こしに関する事項
13．営業ツールの開発に関する事項
14．営業情報の共有に関する事項
15．その他，営業に関する重要な事項
16．関係会社の業務に関する事項

【経営企画室】
1．内部監査の年度計画の立案に関する事項
2．内部監査の実施および関連する事務処理に関する事項
3．内部監査報告書の作成・報告に関する事項
4．報告結果に基づく業務改善事項の，関連部署への勧告に関する事項
5．内部監査に係る書類の整備・保管に関する事項
6．各種調査に関する企画・立案および実施に関する事項（企業調査，市場調査，海外調査）
7．定款，株主総会，取締役会に関する事項
8．株式に関する事項
9．その他，内部監査に関する重要な事項

【製造部】
1．製品の製造に関する事項
2．販売した製品のメンテナンスに関する事項
3．その他，前各項に関連する事項

【営業部】
1．営業活動および営業活動の統轄指導に関する事項
2．企画提案営業に関する事項
3．新規市場の開拓に関する事項
4．マーケティング活動に関する事項
5．その他，前各項に関連する事項

【管理部】
（経営基本関係）
1．経営方針，経営方策の立案に関する事項
2．長期・中期および年度事業計画立案に関する事項
3．予算と実績の把握と，差異分析に関する事項
4．予算統制制度の改善立案に関する事項
5．組織計画および業務運営に関する事項
6．広報に関する企画・立案および実施に関する事項
7．新規事業に係る事業計画および損益計画の立案に関する事項
8．予算管理規程の制定・整備および統制に関する事項
9．その他，前各項に関連する事項
（総務関係）
1．社長印および社印の管理に関する事項
2．訴訟・登記等の法務に関する事項
3．役員の庶務に関する事項
4．文書および社内稟議書の受付に関する事項
5．文書管理に関する事項
6．定款および社規・社則の原本管理に関する事項

7．取引先への慶弔等に関する事項
8．渉外および広報に関する事項
9．損害保険に関する事項
10．保安および警備に関する事項
11．賃借物件の契約更新に関する事項
12．固定資産の管理に関する事項
13．固定資産の登記書類の保管および固定資産台帳の記帳，照合に関する事項
14．通信設備・車輌および運搬具の管理に関する事項
15．その他，他部に属さない一切の事項
（人事関係）
1．総合人事政策の企画・立案に関する事項
2．人事組織計画の立案・管理に関する事項
3．職制，業務分掌，就業規則，その他人事関係諸規程の制定・整備・統制に関する
　事項
4．新規・中途採用計画の立案・実施に関する事項
5．人事管理に関する諸制度の研究・立案に関する事項
6．要員管理（退職・解雇・配属・異動）に関する事項
7．従業員の服装規律，勤怠に関する事項
8．昇給・賞与の人事考課，賞罰の取り扱いに関する事項
9．賃金の計算および支給に関する事項
10．従業員の教育訓練に関する事項
11．従業員の安全，衛生管理に関する事項
12．従業員関係の慶弔および見舞に関する事項
13．福利厚生施設の運用，管理に関する事項
14．従業員持株会の手続き事務に関する事項
15．会社案内，入社案内の作成に関する事項
16．その他，前各項に関連する事項
（経理関係）
〈資金関連〉
1．長期・短期資金計画の企画・立案に関する事項
2．賃金の調達および運用の企画・立案・実施に関する事項
3．資金運用実績資料の作成および報告に関する事項
4．金銭（現金・預金・手形），有価証券の出納ならびに保管に関する事項
5．金融機関との取引に関する事項
6．法人税，地方税等の税務申告，納付に関する事項
7．銀行取引印の保管，押印に関する事項
8．支払条件の設定，改廃に関する事項
9．支払請求書の審査および支払いに関する事項
10．決算に関する事項
11．その他，前各項に関連する事項
〈経理関連〉
1．決算方針の立案に関する事項

　2．財務諸表作成に関する事項
　3．本決算，中間決算，月次決算の実施に関する事項
　4．勘定科目の制定，改廃に関する事項
　5．有価証券報告書の作成に関する事項
　6．会計諸帳簿の記帳，整理および保管に関する事項
　7．会計諸証憑書類の作成，審査および保管に関する事項
　8．売掛金の管理に関する事項
　9．買掛金・未払金の管理に関する事項
10．減価償却に関する事項
11．長期・短期総合予算案作成のための資料作成，提出に関する事項
12．クレジットに関する事項
13．会計監査および税務調査の立ち会いに関する事項
14．各会計単位の経理業務の管理および指導に関する事項
15．税務申告書作成に関する事項
16．その他，前各項に関連する事項

■稟議規程

　起案者（承認を求める者）と承認権限者を分け，承認が必要な事項について下位の者が稟議書を起案し，上位者の決裁を受ける制度を稟議制度と呼びます。

　稟議の形式として，起案者とその所属部署，起案日，起案番号，案件名，起案の目的，効果，理由，金額などが記載されたうえで決裁を受けることが必要となります。かつては紙での稟議決裁が主流でしたが，現在では基幹システム等オンラインでの決裁が通常でしょう。

　図表14は稟議規程の例となります。

　稟議制度は，規程を作ること自体はそれほど難しくありませんが，実際の社内の実態に合わせて，どの部署の誰が起案した稟議を誰（複数の場合もあります）がどのような順番で承認するか，起案と承認の証憑をどのように残すかのルールを決め，全社員に周知してそのとおりの運用をしてもらわなければなりません。稟議規程を改定した場合には，改めて社員への周知と運用もやり直しとなり，現場が混乱することもありますので，できる限り最初から社内の実情に合わせたルールを作るようにしてください。

図表14　稟議規程（例）

稟議規程

第1章　総　　則
（目　的）
第1条　この規程は，会社の稟議事項の基準および稟議の手続を定め，業務の円滑な処理を図ることを目的とする。
（定　義）
第2条　この規程で稟議とは，職制に基づく主管部の各担当者が所管事項または受命事項の業務処理に際し，自己の責任権限事項を超える事項および重要事項について，これを実施に移すにあたり事前に決裁権者に決裁を求めることをいう。
　2．決裁権者とは社長，副社長，専務，常務，取締役，本部長，部長をいう。
（原　則）
第3条　稟議はすべて事前にその手続をとらなければならない。ただし，緊急やむを得ず手続が事後になるときは，事前に口頭または略式の文書で決裁者の承認を得なければならない。

第2章　稟議手続
（様　式）
第4条　稟議手続は，社内のシステムにより行わなければならない。
（稟議事項）
第5条　稟議事項は別表に定める。
（起案者）
第6条　稟議の起案者は，管理者とし，稟議書をシステムに入力する。ただし，必要と認めた場合は担当者に起案事務を代行させることができる。
（稟議書に記載する事項）
第7条　稟議書には，次の事項を記入しなければならない。
⑴　起案年月日
⑵　起案者の職位，氏名
⑶　件名および稟議内容
⑷　起案理由および目的・実施後に期待する効果
⑸　金額の支出を伴う稟議には，その金額・予算との関係，勘定科目，支払条件
⑹　実施予定時期
（資料の添付）
第8条　稟議書には，稟議内容を明らかにするため，必要により参考資料などを添付するものとする。
（稟議の区分）
第9条　稟議事項の決裁は，次の各号に掲げる決裁区分によるものとし，各決裁区分に該当する稟議事項についての決裁者は，当該各号に定めるとおりとする。稟議の区分は決裁権者により，次のとおりとする。
⑴　A稟議　社長が決裁を行うもの

(2)　B稟議　専務または常務が決裁を行うもの
(3)　C稟議　取締役，本部長が決裁を行うもの
(4)　D稟議　部長が決裁を行うもの
（回議）
第10条　管轄部は受付後，稟議書を回議順序に従って関係部へ回付するものとする。
２．回付を受けた関係部は稟議内容を審査し，回付日を記入し，部門長承認の上，次の回議先へ回付するものとする。
（意見ある稟議の調整）
第11条　関係部は，回付された稟議書の内容に異議がある場合は起案部と協議し，意見の調整を図ることとする。

第3章　決　　　裁
（決裁の種類）
第12条　決裁の形態は，次のとおりとする。
(1)　承認　原案，または修正案のとおり承認する。
(2)　修正　原案の一部を修正して承認する。
(3)　保留　決裁を一時延期する。
(4)　否認　原案を否認する。
（決裁の通知）
第13条　稟議が決裁されたときは，管轄部はすみやかに起案部に通知し，起案部は通知を受け次第回議先に連絡をするものとする。
（決裁の効力）
第14条　決裁後３ヶ月以上経過し，なお実施できない稟議についてはその効力を失う。ただし，理由書を提出し決裁者の了解を得た場合はこの限りでない。
（稟議書類の保存）
第15条　稟議の経過及び結果に関するデータは，総務部において保存するものとする。

付　　　則
（施　行）
第16条　この規程は，○○○○年○月○日より施行する。

2 会社の実態に合った社内規程の作り方

╲ 最速最短ポイント ╱

- 最初から社内の実態に合わせて規程を整備する
- すべての業務を網羅する規程を作る
- これまでの運用に合わせたルールなのか，ルールを作って運用を変えるのかのどちらに当たるかを明確にする
- 社外の専門家の力（アウトソーシング）をうまく利用する

　前項では，社内規程整備の重要性と，中でも権限規程，職務分掌，稟議規程がその中心になることをお伝えしましたが，その他にも多数の規程を整備する必要があります。

　会社の事業活動全体が，担当者の独自の解釈や属人的な能力によって行われている状態では上場に値する会社とは評価されません。担当者が変わってもスムーズに引き継ぎができ，常に業務のレベルを一定以上に保てる会社になる必要があります。そのためには，事業活動のすべてが社内の共通ルールに従って行われる必要があるのです。この，会社における共通ルールが「規程」なのです。

■会社の規模と業態に合わせた規程を作る

　会社にどのような社内規程を用意すべきかについては，会社の規模や業態によってさまざまです。

　例えば，グループ会社が複数あるような会社であれば，グループ会社間での決定権限や報告義務などを定める規程（グループ会社管理規程）や，グループ会社間の連結決算に関するルール（連結決算要領）などを定める必要がありま

すが，上場審査の対象が単体の場合にはそのようなルールは必要ありません。

　また，製造業では，仕入れ，原価計算，在庫管理などのルールを作る必要がありますが，サービス業では仕入れや在庫の概念がないのでそのようなルールを作る必要はありません。

　比較的規模が小さな会社と大きな会社で必要とされる規程類の典型例は**図表15**のとおりです。会社が小さなうちから，大きな会社のルールをまねしてしまうと，1つひとつの意思決定や業務に時間がかかり効率的な運営ができなくなってしまうので，一般的なひな型や他社の規程をまねするのではなく，自社の実態に合った規程を整備することが何より重要です。

図表15　整備すべき規程の例

種　類	名　称	内　容	小規模な会社	大規模な会社
基本規程	定款	会社の基本情報や組織・運営に関する根本規則を定める	○	○
	取締役会規程	取締役会の運営方法や役員の役割，会議の手続，権限などを定める	○	○
	監査役監査規程（監査役会規程）	監査役（会）の運営方法や役員の役割，会議の手続，権限などを定める	○	○
	株式取扱規程	株式の譲渡や取得，消却，分割，株主との関係管理等について定める	○	○
	規程等管理規程	各規程の改廃の権限の所在および改廃の手続について定める	○	○
	グループ会社管理規程	グループ会社間における承認事項，報告事項，書類の管理に関する事項などを定める		○
	役員退職慰労金規程	役員への退職金支給の基準や支払の方法について定める		△
組織関連規程	組織規程	会社にどのような部署，職位があるかなどを定める	○	○
	職務権限規程	どの職位にどのような権限があるかを定める	○	○
	職務分掌規程	部署間で，それぞれどのような業務を分担し責任があるかを定める	○	○
	稟議規程	意思決定や承認の起案者と決裁の手続を定める	○	○
	経営会議規程	取締役会とは別に，会社の意思決定をする合議体がある場合の決議事項や手続を定める	△	△

種　類	名　称	内　容	小規模な会社	大規模な会社
総務関連規程	就業規則	労働時間，休日，休暇，賃金，退職や各種の手当など勤務の基本条件を定める	○	○
	給与規程	従業員の給与の計算方法，支給方法，賞与の条件など，給与に関する詳細を取りまとめる	○	○
	旅費規程	出張や外勤時の交通費，宿泊費等の経費精算に関して定める	○	○
	育児休業規程	育児に伴う休業，短時間勤務，復帰に関する手続や条件を定める	○	○
	介護休業規程	介護に伴う休業，短時間勤務，復帰に関する手続や条件を定める	○	○
	人事規程	従業員の採用，評価，昇進，退職など人事に関する手続や基準を定める	○	○
	退職金規程	従業員の退職金の計算方法，支給方法などを定める	△	○
	慶弔見舞規程	従業員の慶弔見舞金や休暇について定める	△	○
	社内貸与金規程	社内貸与金の制度を設ける場合の基準や手続を定める	△	○
	職務発明規程	従業員が業務上発明をした場合の，発明の取り扱いについて定める	△	○
	フレックスタイム勤務規程	フレックス勤務を認める場合のルールを定める	△	△
	テレワーク勤務規程	テレワークを認める場合に，労働時間の管理方法・業務の遂行方法・通信費や光熱費について定める	△	△
	出向規程	グループ会社への出向の基準や身分，待遇などを定める		△
	人事考課規程	昇給や昇格等の考課のルールを定める		△
	副業，兼業規程	副業や兼業を認める場合に，許可制や本業に支障が出る場合の禁止を定める		△
	社宅規程	社宅を認める場合の手続等を定める		△
経理関連規程	予算管理規程	社内で計画すべき予算の期間，予算体系（予算項目），部門別の予算管理者，予算の差異分析の方法や報告について定める	○	○
	経理規程	経理処理の基準や帳簿の取り扱い，決算等についての手続や基準を定める	○	○
	固定資産管理規程	固定資産の管理責任者，台帳での管理方法，維持保全や会計の方法について定める	○	○
	有価証券管理規程	有価証券の管理責任者，管理方法，会計の方法について定める	△	○
	原価計算規程	会社の原価計算の基準と手続を定める	△	△
	連結決算要領	グループ会社間の決算の方法について定める		△

種類	名称	内容	小規模な会社	大規模な会社
業務関連規程	与信管理規程	取引先の与信に関する手続，基準について定める	○	○
	債権管理規程	売掛金等の債権に関する責任者，管理の方法について定める	○	○
	安全衛生管理規程	社内の安全衛生管理の責任者，体制，会議体，教育や労働災害が発生した場合の措置，表彰などについて定める	○	○
	文書管理規程	社内の文書作成，文書の保管の方法や期間，廃棄に関する手順や基準を定める	○	○
	印章管理規程	印章管理の責任者，それぞれの印章を使用できる者の範囲を定める	○	○
	知的財産管理規程	特許，商標，著作権等の知的財産の管理に関する責任者，管理の方法について定める	△	○
	仕入（購買）管理規程	仕入れに関する責任者，基準，手続について定める	△	○
	帳票管理規程	社内の帳票の作成および管理の方法について定める	△	○
	車両管理規程	社有車の使用基準，手続，保管および処分について定める	△	○
	外注管理規程	外注に関する責任者，基準，手続について定める	△	△
	販売管理規程	販売に関する責任者，基準，手続について定める	△	△
	従業員持株会規約	従業員持株会の運営のルールを定める		△
コンプライアンス規程	内部監査規程	内部監査を行う者，監査項目の決定や監査の実施，報告に関する手続を定める	○	○
	コンプライアンス規程	法令遵守や企業の倫理規範についての方針，管理体制，教育等について定める	○	○
	ハラスメント対策規程	ハラスメントの定義や予防，ハラスメント発生後の対応などをまとめる	○	○
	個人情報取扱規程	個人情報保護法に従った，個人情報の収集，利用，提供，管理等のルールをまとめる	△	○
	ソーシャルメディア規程	従業員が会社に関する情報を発信する場合のルールを定める	△	○
	秘密情報管理規程	社内の秘密情報を定義付けし，秘密の管理方法やアクセス権限について定める	△	○
	リスク管理規程	自然災害，事故，感染症，犯罪，不祥事等が発生した場合の対応法や考え方を定める	△	△

■規程作りの手順

上場審査の過程では，上場直前期の1年程度前から社内規程の運用状況が
チェックされるので，少なくとも直前々期末までには，すべての規程をいった
ん整備して運用しておく必要があります。上場準備に入ったらできるだけ早く
規程の整備に着手してください。

規程作りは一般的に以下の手順によります（**図表16**）。

図表16　規程作成のフロー

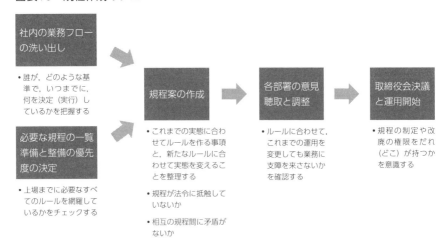

① 業務フローの洗い出しと必要な規程一覧の作成

社内規程というのは，社内の業務フローすべてにルールを作って文書化する
ことですから，まずは社内にどのような業務フローがあるのか，そしてその業
務を誰が，どのような基準で決定（実行）しているのかを洗い出します。

また，上場会社となるためには，会社が小さなうちは必要なかった業務が追
加されます。予算の管理や株主の管理といった業務が必要となりますので，そ
のためのルール（予算管理規程，株式取扱規程）を新たに作ります。

② 規程案の作成

社内にどのような業務フローがあるかと，上場するためにどのような業務フ
ローやルールが必要かを洗い出したら，実際に規程を文書で作成します。

その際，これまでの業務フローをすべてそのまま規程にできれば，理論上はそれまでの社内の運用を一切変更しない規程が完成することになります。しかし，実際には，これまでの運用ではガバナンス上問題があるとか，一部の者に業務が集中してしまうといった理由で運用を改めるべき事項も見つかります。

その場合には，新たなルールを規程に定めることで，社内の運用を変更することになります。

規程を作成するにあたっては，

(1)　これまでの社内の業務フローをそのままルール化して規程にした事項

(2)　これまでの社内の業務フローを変更し，新たなルールを規程として作った事項

(3)　これまでに社内になかった業務を新たに追加し，規程も作った事項

のいずれにあたるのかを確認しながら進めるとその後の社内周知や運用が楽になります。

③　各部署との調整

規程作成にあたっては，前述の(2)と(3)に該当する事項については，必ず関係する部署と相談し，新たなルールを作っても業務に支障が出ないかを確認しておくことが大切です。現場での運用を考えずにルールを作ってしまうと，運用時に現場を混乱させるだけでなく，現場の反感を招いてしまう危険もありますから注意が必要です。

④　取締役会決議と運用開始

規程を文書化し，関係部署との調整がすんだら，取締役会の議決を経て運用を開始します。

各規程はその重要性に応じて，改廃の権限を「株主総会の特別決議」（定款など），「取締役会決議」（取締役会規程や組織規程，職務権限規程など），「担当部門長決裁」（旅費規程，育児休業規程など）など適宜設定する必要があります。

改廃の権限がどこにあるかについては，各規程の末尾に記載する方法もありますが，規程等管理規程というルールを作り，一覧性をもって管理したほうが一貫性のある権限の分配をしやすいでしょう。

■規程作りの注意点とアウトソーシング

　規程を作るにあたっては，用語やフォントなどの体裁がすべて統一されていないといけないなどといわれることがありますが，そこまで求めるのは行き過ぎです。

　規程の整備で重要なポイントは，次の2点になります。

① 規程が法令に適合しているか

　社内ルールは，法律や業界の自主規制ルールなどに適合している必要があります。例えば，会社法上，株主総会の決議が必要な事項や，取締役会の決議が必要な事項について，各取締役に決裁権限を与えるといった規程は認められません。また，残業規制や有期雇用に関する規定など，労働法制は頻繁に改正されますので，就業規則が法律に抵触していないかを確認してください。コンプライアンスに関する規程が最新のハラスメント保護法令や公益通報者保護法にのっとっているかもチェックが必要です。

② 規程相互間に矛盾はないか

　例えば，一定金額の借入の決定が，権限規程では担当取締役の決裁事項となっているのに取締役会規程では取締役会の決議事項になっているなど，各規程によって決裁者や決裁フローがずれていてはいけません。

　責任者が不明確になり，業務が混乱する原因となってしまうので注意してください。

　規程作りには相応の専門知識が必要となるため，弁護士や監査法人，コンサルタントなどの専門家にアウトソーシングをすることが効率的であるケースも多いです。しかし，その場合にも，社内にどのような業務があるかや，どのような業務フローが適切かについては，外部の専門家には判断できませんので，綿密な打ち合わせが必須となります。

上場審査は科目別でなく総合点

Column

　上場準備をお手伝いしていますと，こんな質問を受けることがあります。

　「パワハラ社員がいたことが判明したのですが，譴責処分にして研修を受けさせれば，上場審査は大丈夫？」

　「直前期の売上が当初の予算より15％くらい足りずに赤字になってしまいそうなんだけど，赤字でも申請期に入った会社があるって聞いたからうちの会社も申請期に入れるかな？」

　「ぶっちゃけ，社長の給料って5,000万円くらいもらっても大丈夫？」

　このような質問は，上場準備を進める社長同士の情報交換や，上場を果たした社長からの情報提供に端を発したものが多いのですが，答えは「Yes」であり，「No」でもあります。なぜなら，上場審査は科目別の審査ではなく，総合点で審査されるからです。

　つまり，例えば，パワハラの問題は起きたけれど，予実の推移は順調だし，その他の管理面でも何の問題もなく，パワハラの問題も再発防止策が適確だとしたら，幹事証券会社や東証は「この会社は上場した後，問題なくステークホルダーの信頼に応えてくれるな」と考え，審査を通過させるでしょう。

　一方で，毎月の決算資料の提出も遅れがちだし，当初の予定どおりの利益も出そうにない，加えてパワハラ問題が発生したということになると「この会社は上場しても何か問題を起こしそうで危ないな」と考え，審査がストップする可能性が高いのです。

　上場審査は，何か1つの項目でアウトになることも，何か1つの項目でセーフになることもなく，総合的な力が問われていると考えるべきです。

　もちろん，極度の業績不振，反社会的勢力とのつきあい，組織的な会計不正など，上場企業に求められる基本事項に抵触する場合には，そのことのみによって一発アウトになってしまうことはいうまでもありません。

3 社内ルールを社内に周知する 方法

　社内規程は作って終わりではありません。

　ルールは作られるだけでなく，社員がこのルールを守っていなければなりません。そして，社員がルールを守るためには，まずは社員がルールを知っている必要があるのです。

　この項では，社内規程を社内（社員）に周知する方法についてお伝えします。

■業務マニュアルの作り込み

　上場審査の過程では，社内規程を整備することだけでなく，これらの規程が運用されていることが重視されます。

　運用されているというのは，規程（ルール）と実態（日々の業務）が一致しているということです。

　例えば，「宿泊を伴う出張が必要な場合には，出発の2日前までに稟議を上げ，1泊1万5,000円以内のホテルについて部長の決裁を取らなければならない」という旅費規程があったとします。

　運用されているというのは，「実際に出張に行く社員が事前に稟議を上げている」「部長がその出張の要否を判断している」「予約されたホテルが1万5,000円以内となっている」という状態です。

そして，規程と実態を一致させるためには，まずは社員が規程を知らなければなりません。社員にルールを理解してもらうためにとても大切なのが，わかりやすい業務マニュアルを作ることです。

「規程さえ作って社員に伝えれば，これとは別に業務マニュアルなんかなくてもいいのではないか？」と思われる方もいるかも知れません。

しかし，社員が，一般的に約50種類もある規程を隅々まで覚えているというのは現実的ではありません。また，規程は専門用語も多く使われていて，社員にとっては理解することが難しいこともあります。

そこで，例えば「営業マニュアル」を作成し，
- お客様から注文をいただいた場合には，契約書の稟議決裁を受けるために，社内システムに契約書をアップロードする
- 契約済みの契約書は，社内システムの「契約済み契約書」のフォルダに格納する
- 出張に行く2日前には，社内の旅費精算システムに出張の目的と宿泊予定のホテル，1泊の値段を入力し，部長の決裁を確認後にホテルの予約をする

といった内容を整理するのです。

そうすることで，営業部員は，わざわざ難しい規程を読まなくても，業務マニュアルさえ守っていれば規程に抵触することなく，日々の業務を進められるのです。

自動車の運転に例えると，日本の道路で自動車を運転するためのルールは道路交通法という法律に書かれており，全部で132の条文があります。この条文をすべて読んだことがある方はいるでしょうか。

おそらく，ほとんどの方が，条文など読んだことがないと思います。

それにもかかわらず，免許を持ったドライバーがルールを守って運転できているのは，自動車教習所で教本が配られ，ルールについての講習を受けたからです。

ここでいう教本が「業務マニュアル」，講習が「社員研修」に当たります。

法律（規程）を知らなくても，ルールが守れるのは，わかりやすい教本（マ

ニュアル）があるからなのです。

■規程は縦，マニュアルは横の関係

　マニュアルは，規程には書かれていない細かいことを決めたものであるとか，規程をわかりやすく解説したものであると誤解されることがありますが，そうではありません。

　マニュアルというのは，業務ごとに，その手順を守っていれば自然と社内のすべての規程を守っていることになる手順書のことをいいます。

　先の営業部員の例であれば，日々客先に出向き，お客様の要望を聞き取り，契約を獲得することが営業部員の業務になります。したがって，客先への訪問や出張の際の経費精算を定める旅費規程や，お客様と契約をする際のルールである与信管理規程などは知っておく必要がありますが，製造部門が取り扱う原価計算規程や外注管理規程は知らなくても業務を行うことができます。

　そこで，営業マニュアルでは，客先に出向く際の事前の準備（コンプライアンスチェック，契約書の準備）や事前の申請（旅費や宿泊費の事前申請），契約の手順など，をわかりやすく記載しておきます。そして，営業マニュアルを守っていれば，自ずと社内のすべてのルールを守れている状態を作るのです。

　他の部門についても同様です。

　製造マニュアルであれば，製造部門の業務に関するすべての手順が記載され，社内規程が守れる状態にしますし，経理マニュアルであれば，経理を担当する社員の業務の手順が記載され，社内ルールも守れる状態を作ります。

　図表17のように，数ある社内規程が縦の関係だとしたら，業務マニュアルは，その業務ごとに必要な社内規程を網羅する横の関係であるということができます。

図表17　社内規程は縦，マニュアルは横の関係

	職務分掌	就業規則	旅費規程	テレワーク規程	経理規程	原価計算規程	与信管理規程	外注管理規程	コンプライアンス規程
営業マニュアル	●	●	●				●		●
製造マニュアル	●	●				●		●	●
労務管理マニュアル	●	●		●					●
経理マニュアル	●	●		●	●	●			●

　もちろん，業務マニュアルには規程に関連する手順のみしか記載できないわけではなく，例えば営業マニュアルに，営業に出向く際の心構えや，社内の製品を売り込む場合のPRの手順なども盛り込むことで，より実践的なマニュアルになります。

　マニュアルの整備もとても手間のかかる地道な作業になりますが，これが整備されると社内規程の運用が一気に進むだけでなく，属人的な業務が減り，効率化も進むことになります。

　マニュアルを整備した際には，社内規程と矛盾がないかを確認する必要があるほか，規程を改定した際はマニュアルも改訂する必要があることに注意が必要です。

■社員研修と読み合わせ

　社員の中には文字を読んで理解をするのが苦手な人もいますから，社員研修や読み合わせの機会を作って，ルールの周知をはかることもとても有用です。なぜそのルールが必要なのかの趣旨から理解できたり，わからないことを質問できる機会になり，マニュアルを用意しただけの状態からさらに周知が深まります。

4　規程運用のPDCAの回し方

\ 最速最短ポイント /

- 規程の運用を開始したら，内部監査部門を中心に，ルールと実態が合っているかを定期的にチェックする
- ルールと実態が合わない場合，①ルールを実態に合わせる，②実態をルールに合わせる，のどちらにするかを決める
- 最初から完璧な規程を作れることはないので，何度もPDCAサイクルを回しながら規程をブラッシュアップし，社員に伝える

　上場審査の際には，社内規程が整備されているだけでなく，その規程が社内で運用されていることまで要求されます。つまり，ルールと実態が合致していること（ルールが守られていること）が審査されることになるわけです。

■PDCAの回し方

　規程は，実際に運用を始めてみなければ不具合が見えてこないケースがほとんどです。ルールを作ってはみたものの，現場の社員がそのルールを理解しにくくルールが守られないことや，ルールを守ったのでは業務が円滑に回らず，業務の効率性を損なっていることがあります。

　そこで，規程を作り運用を始めたら，内部監査部門を中心に，実際に規程どおりの運用がされているのかをチェックするようにします。

　規程どおりの運用がされていない原因は，

【A】　規程を社員が知らないか理解できていないために，ルールが守られていない

【B】　規程が社内の効率的な業務フローや社内の慣習に合っていないために，ルールが守りづらい

のどちらかになります。

　【A】の場合には，いま一度，社員にルールを理解し，守ってもらうために，わかりやすいマニュアルを整備したり，周知をはかるための研修を実施したりします。一方，【B】の場合には，社内で運用しやすいルールにするために，規程を改定し，改めて周知と運用をします。

　このようにして，ルールと実態を合致させるためのPDCAを回します（**図表18**）。

図表18　規程と実態を合致させるための手順

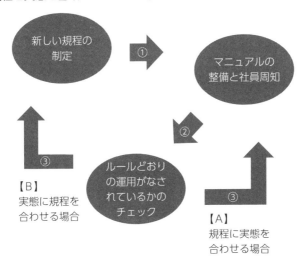

　このように，規程は何度も周知や見直しを図ることで運用されていくことになります。ですから，

● できるだけ早い段階で制定し，運用を開始する
● 最初から完璧なものを作ろうとせず，まずは作って運用を開始する
● 定期的にルールと実態がずれていないかをチェックし，ずれている部分については，実態をルールに合わせるか，ルールを実態に合わせるかを検討する

ということ
を心がけてください。

■規程の運用審査のポイント

上場審査では，社内規程にそった業務の運用がなされているかについて，担当者への聞き取り，議事録や帳票類のチェックなどによってかなり細かいチェックが入ります。

特に重要と思われるのは以下の各点となります。

- 取締役会で決議すべきことは，必ず取締役会にかけられ，その決議を受けた後に実行されているか
- 稟議規程のルールどおりに起案がなされ，決裁者による承認の後に実行されているか（事後稟議になっていないか）
- 稟議，経費の精算，契約書などの書類はルールどおりに保管されているか
- 就業規則にしたがった労務管理が行われ，勤務時間と時間外手当が計算されているか
- 残業の上限規制にしたがった労務管理が行われ，上限規制に抵触しそうな社員をあらかじめ認知し，アラートを発することができているか

第3章

労務管理は
上場審査の勝負どころ

1 未払残業代を解消する

\ 最速最短ポイント /

- すべての未払残業代を清算する必要がある
- 固定残業代制度を導入する場合は有効となるための要件を確認する
- 残業代の支払は不要となる管理監督者は管理職と同義ではない

　上場審査の過程では，管理体制についてもさまざまなチェックがなされますが，労務管理はその中でも最重要課題といっても過言ではありません。

■上場審査における労務管理のポイント

　かつての上場審査では，「未払残業代が解消されていること」，すなわち時間外手当が全額支払われていることを中心に審査がなされていました。チェックの中心は勤怠管理で，いわゆるサービス残業がないかどうかを見られました。会社の制度の不備で未払残業代があると，これは一社員の問題ではなく，多くの社員に同様の問題が発生し，会社が支払うべき債務の金額が大きくなるからです（消滅時効の期間が2年から3年に延長されたことも影響しています）。

　しかし，現在チェックされるポイントはこれに限られません。いわゆる過労死の事案が社会問題になったことをきっかけに，36協定で残業時間の上限を決めておくことと，実際に残業がその上限の範囲内に収まっていることまで求められるようになりました。

　残業代が支払われていたとしても，36協定で定められている上限時間以上の残業をさせていないかがチェックされるということです。

　さらには，働き方改革の名の下，法律上も残業時間に上限が設けられるようになりました。

　そこで，最近では，そもそも社員が一定時間以上の残業をしていないかどう

かもチェックポイントに加えられるようになっています。

本項では，まず，「未払残業代を解消する」という1つめのチェックポイントについて解説します。

■未払残業代が発生しやすい7つのパターン

未払残業代が発生しやすいケースを整理すると，おおむね次の7つのパターンに分かれます。

① 勤怠管理がなされていない

典型的には，タイムカードがない，出勤簿の捺印以外に勤怠管理がなされていないといったケースです。勤怠管理の基本は出勤時間と退勤時間，そして休憩の開始時間と終了時間を把握することです。そうしなければ，実際の労働時間がわかりません。勤務時間の管理をする責任は会社側にあります。

② 残業時間の切り捨て

毎日の時間外労働時間を1時間単位や30分単位で把握し，それに満たない残業時間を切り捨ててしまっているというケースです。残業時間は1分単位で計算してください（ただし，1か月分の残業時間を合算した後に30分以上を1時間に切り上げ，30分未満を切り捨てる扱いは認められています）。

③ 割増賃金の基礎となる賃金の計算方法の誤り

基礎賃金は，月給を所定労働時間で割って計算します。この場合の月給には，扶養家族の有無や人数にかかわらず全員に支払う家族手当，全員に一律支給している交通費の補助，住宅の形態に応じて全員に月々定額を支給する住宅手当などを，含めて計算しなければなりません。

④ 会社の把握する残業時間と実労働時間が乖離している

朝礼の後に場所を移動してから勤務が始まる，ワンオペで休憩時間に休憩できない，退勤時間後に片付けや着替えが必要といったケースです。

⑤ サービス残業

仕事が終わらないからなどの理由で，社員がタイムカードに退勤の打刻をした後に残って仕事をしていたり，仕事を自宅に持ち帰ってするケースです。

⑥ 固定残業代の制度の誤った導入

固定残業代の制度を導入したものの，制度設計に不備があるケースです。

⑦　名ばかり管理監督者

　労務管理について経営者と一体的な立場にある管理監督者は，労働基準法で定められた労働時間や休憩等の制限を受けません。しかし，いわゆる管理職がすべて管理監督者にあたるわけではありません。

■正しい固定残業代制度の導入

　固定残業代の制度を導入すれば未払残業代の問題がなくなると誤解されることがありますが，実はこの制度を適切に導入するためには，いくつもの要件を満たす必要があります。したがって，安易に固定残業代の制度を導入することはお勧めできません。また，導入する場合には以下の要件をすべて満たすようにしてください。

①　何時間分の残業代として手当を支払うのかを明確にする

　「固定残業手当として月額5万円を支給する」と定めるだけでは不十分です。例えば，「20時間分の固定残業手当として月額5万円を支給する」とするなど，具体的に何時間分の固定残業代なのかを明示する必要があります。

②　固定残業手当が割増賃金に相当する金額になっている

　例えば基礎賃金が1時間2,000円の社員に，20時間分の固定残業手当を支払う場合，その金額は2,000円×1.25×20時間＝5万円以上に設定しなければなりません。

③　固定残業時間を超過した場合は，超過時間に相当する割増賃金を支払う

　例えば，20時間分の固定残業手当を支払っていても，その月の残業時間が25時間だった場合には，固定残業手当とは別に5時間分の割増賃金を支払わなければなりません。すなわち，固定残業代の制度を導入しても，社員の労働時間は常に把握して計算しなければならず，会社の勤怠管理の手間が減るわけではありません。

④　固定残業代の制度を就業規則に明記し，社員が閲覧できる状態にする

⑤　固定残業代の制度を社員に説明して理解してもらう

■残業代の支払が必要のない管理監督者の定義

　労働基準法により，管理監督者には残業代を支払わなくてもよいことになっ

ています。しかしこれは，管理監督者には，勤務時間についての裁量と，十分な待遇（給与）が保障されているということが理由にあります。

　管理監督者といえるためには，部下を持って部門を統括する立場にあること，経営に関与していること，自身の仕事量や労働時間をコントロールする裁量を持っていること，他の従業員より優遇された賃金を支払われていることなどの要件を満たす必要があります。

　例えば部下がいなかったり，労働時間の裁量がなかったり，他の従業員と待遇に差がないにもかかわらず，残業代の支払を免れるために「店長」や「部長」といった肩書きをつけられていても，管理監督者とはなりませんので注意が必要です。

■労務管理整備のタイムスケジュール

　未払残業代がある場合には，直前々期までにすべての金額を計算し，清算する必要があります。また，その清算は現在雇用関係にある社員に限られず，すでに退職している社員であっても未払残業代がある場合には支払を済ませなければなりません。

　したがって，上場準備に入った場合にはできるだけ早い段階で労務DDを受け，未払残業代があるか，ある場合には3年分の未払残業代が総額いくらになるかを把握するとともに，残業代の未払が発生しないルールを定めて，運用の実績を作っていく必要があります。

　労務DDの段階で完璧な労務管理の体制になっている必要はありませんが，上場準備の過程で問題点を1つずつ改善していきましょう。

2 サービス残業ができない しくみを作る

＼ 最速最短ポイント ／

- 従業員が残業「できない」しくみを作る
- タイムカードだけでなくPCのログもあわせて労働時間を把握する
- サービス残業は上場直前に通報されて承認が取り消される事例が多いので，あらかじめ保守的で安全な労務管理制度を構築しておく
- 労務時間の記録は3年分保管する

　前項では，未払残業代がある場合には，あらかじめすべての清算を済ませる必要があることをお伝えしました。

　この項では，過去の残業代の未払はない前提のもと，将来にわたって残業代が発生しない体制作りについてお伝えします。

　労務管理についての上場審査が厳しくなった現在，上場を果たすためには，労働時間を完全に会社が把握するしくみ，すなわち「サービス残業をしたくてもできないしくみ」までが求められていることを頭に入れておいてください。

■タイムカードだけでは足りない労働時間の把握

　前項でもお伝えしたとおり，会社には，従業員が「何時から何時まで働いていたのか」「何時から何時まで休憩したのか」を把握する義務があります。サービス残業の多くは，会社が把握する従業員の労働時間と実際の労働時間の実態に乖離があることに原因があることがほとんどです。

　実際の労働時間の把握の方法としては，厚生労働省が公表する「労働時間の適正な把握のために使用者が講ずべき措置に関するガイドライン」が参考になります（https://www.mhlw.go.jp/file/06-Seisakujouhou-11200000-

Roudoukijunkyoku/0000149439.pdf)。

　このガイドラインでは，労働時間を「使用者の指揮命令下に置かれている時間であり，使用者の明示又は黙示の指示により労働者が業務に従事する時間は（すべて）労働時間に当たる」と定義したうえで，使用者は「労働者の労働日ごとの始業・終業時刻を確認し，適正に記録すること」を求めています。

　具体的には，タイムカード，ICカード，パソコンの使用時間の記録等の客観的な記録を基礎として確認し，適正に記録することが求められます。その他にも，現認（指さし点呼のようなイメージ）や，従業員の自己申告による管理をせざるを得ない場合についての記載もありますが，上場を準備する会社で現認や自己申告の労務管理をすることは想定されないのでここでは説明を割愛します。

　問題は，タイムカードを設置すればそれで足りるというわけではないということです。確かに，タイムカードは，事後的な変更が行いにくいツールではあるといえますが，

- 従業員が打刻自体を控えたり，時間をずらしたりする
- 始業の打刻前または終業の打刻後に残業を継続している
- 所定労働時間前の朝礼や清掃を義務づけられているが，その後に打刻をしている
- 自宅へ業務の持ち帰りがなされており，残業として認められていない
- 勤務時間外にもメールやチャットツールで業務に関するやりとりをしている
- 形式的には自己学習，自己啓発とされながら，会社のPCを使って研修を受けることが会社から指示されていたり，事実上強制されている

といった場合には，タイムカードにより時間管理を実施していたとしても，会社が労働時間を正確に把握したことにならないわけです。

■サービス残業が「できない」しくみ作り

　上場申請をする際には，「新規上場申請のための有価証券報告書（Ⅱの部）」に「勤怠の管理方法（労働時間の記録，管理職による承認，人事担当部署による管理の方法を含みます。）及び未申告の時間外労働の発生を防止するための取組み」について記載することが求められています。

　そこでは，従業員のPCのログを確認する必要があることはすでに前提とされており，どのようなシステムを使ってログを確認するかが議論の対象となっているのが実情です。

　そのため，上場するにあたっては

- PCのログと連動した勤怠管理システムの導入
- オフィスのセキュリティがカードキーなどで管理されている場合に，オフィスへの入退出と連動した勤怠管理システムの導入
- 自宅にPCの持ち帰りを禁止する，クラウド上のデータには特定の端末以外からアクセスできなくするなど，社外でのサービス残業を物理的に不可能にする体制の構築

などが必要になります。

　サービス残業をなくすしくみというのは，会社ごとに異なり，「こうすれば完璧になる」という方程式がありません。何か問題や課題が見つかったら，その都度新たな対策を考えて実施し，その対策が奏功しているのかどうかを検証するという地道なPDCAを回していく必要があります。

■テレワークの注意点

　コロナ禍をきっかけに，多くの会社でテレワーク（在宅勤務，リモートワーク）の導入が進みました。多様な働き方の選択肢があることは会社，従業員の双方にとってメリットが多い一方，テレワークは，勤務状況の把握がしづらく，上場審査のうえでも詳細にかつ慎重にレビューが実施されます。

　テレワークを実施する際には，

- メールや電話などによって勤務開始，終了の連絡をする
- PCのログと連動した勤怠管理システムを活用する
- 裁量労働制を適用する

などの方法により労働時間の把握や管理を行うことになります。

　始業時間や終業時間だけでなく，休憩や中抜けがある場合のその時間なども把握しなければならないので，従業員の申告制にするのか上長の承認をとる方法にするのかなどを検討し，制度を構築する必要があります。

　テレワークについても厚生労働省が「テレワークにおける適切な労務管理のためのガイドライン」を公表していますので，参考にしてください（https://www.mhlw.go.jp/content/11911500/000683359.pdf）。

■労働時間の記録は3年間保存する義務

　労働者名簿・賃金台帳・出勤簿やタイムカード等の労働時間の記録に関する書類については，少なくとも3年間保存する義務があります（労働基準法109条，143条，またこの期間は今後5年間に延長される予定です）。

　上場準備に入ると，売上や利益を伸ばさなければならないという業績のプレッシャーと，残業は減らさなければいけないという労働時間のプレッシャー，という相反する2つのプレッシャーを受ける傾向にあります。

　その結果，会社に隠れて残業をするということが起きやすくなってしまうのです。実際には，上場の審査中や，上場承認がおりた後に通報などによってサービス残業の実態が明らかになることが少なくありません。

　このような場合には，通報の内容の確認や検証に時間がかかるため，少なくとも上場審査が中断したり，いったん上場承認が取り消されたりすることになってしまいます。上場審査が伸びて決算をまたぐと，予実や資金調達の予定が全部狂ってしまい（いわゆる期ズレの問題），最悪の場合上場自体がかなわなくなってしまいます。

　そのようなことにならないよう，労務管理の準備は保守的に，安全に進めてください。

3 長時間労働を防ぐ労務管理

＼ 最速最短ポイント ／

- 就業規則を会社の実態と合わせて労基署に届け出る
- 36協定で残業時間の条件を定める
- 過重労働にならないための取組みは審査の重点項目となるので，特定の人や特定の時期に業務が集中しないようにする
- 社会保険の未加入や，偽装請負がないようにする

　残業代を清算し，サービス残業をなくすこと以外にも，労務管理の整備は必要です。この項では長時間労働を防ぐための管理体制の構築について解説をします。

■就業規則の整備

　就業規則は，賃金や労働時間などの労働条件や職場内の規律を定めた規則です。常時10人以上の労働者を使用している事業場では，就業規則を作成して労働基準監督署に届け出る必要があります。上場を目指す会社の従業員が10人未満ということは考えにくいので，必ず就業規則を作成して，届出をする必要があります。

　なお，会社によっては賃金規程や退職金規程，育児休業規程といった社内規程を作ることがありますが，規程のタイトルにかかわらず労働条件や職務上の規律を定めた規則はすべて就業規則となります。

　就業規則を整備するポイントは，以下の3つとなります。

① 会社の実態とルールを合わせる

　就業規則の届け出が必要だからといって，ネット上からひな型をダウンロードし，そのまま会社の就業規則としてしまう会社があります。しかし，

- 始業時間を何時にし，終業時間を何時にするのか
- 休日は何曜日にするのか
- 退職金はどのような基準で払うのか
- 正社員とパート，アルバイトでルールを変えるのか

など，社内の事情は会社ごとに千差万別で，ひな型や他社の事例が自社に当てはまることなどありません。

　したがって，就業規則は自社の事情に合わせてオーダーメイドで作成する必要があります。

② 　過半数代表者から意見を聴取する

　就業規則を届け出るにあたっては，過半数組合または労働者の過半数代表者から意見を聴取し，意見書を添付しなければなりません。

　過半数代表者は，労働者の意見を集約する立場になる人なので，労働者の投票など民主的な方法で選出されている必要があります。管理監督者はこの代表者になることができません。また，使用者側が一方的に代表者を指名したり，親睦会の代表者，人事部長などの一定の役職者が自動的に選出されるといったことも避ける必要があります。

③ 　就業規則を周知する

　就業規則は，労働者と使用者の双方が守るべきものなので，掲示，備え付け，書面の交付などによって労働者に周知しなければなりません。最近では，社内のイントラに掲示し，いつでも社員が確認できる状態にするという方法をとる会社が増えています。

　このような就業規則の整備がなされているかは，上場審査の過程で必ずチェックされることになります。

■36協定の整備

　36協定とは，法定労働時間（1日8時間，1週40時間）を超えて残業をさせる場合に必要な労使協定をいいます。労働基準法36条に規定されているため「36（サブロク）協定」と呼ばれます。

　つまり，会社が社員に残業をさせるためには，残業代を支払えばいいのではなく，そもそも36協定を締結し，労働基準監督署に届け出る必要があるのです。

　36協定では，残業時間の上限を定めます。そして，実際にここで定めた上限以上の残業がされていないことが求められます。

　さらに，上限の時間は会社ごとに自由に定められるわけでなく，法律上の上限も設けられるようになりました。この上限は，原則として月45時間・年360時間です。

　また，臨時的な特別の事情がある場合にはこれを超過することも認められていますが，その場合は，36協定にその旨の特別条項を設ける必要があり，かつその場合であっても

- 年720時間以内
- 2か月から6か月の平均が全て80時間以内
- 月100時間未満
- 月45時間を超える月は年間6か月以内

という要件を満たす必要があります。

■過重労働にならないためのしくみ作り

　以上のとおり，過重労働とならないためのルール作りと運用は社会的な要請でもあり，上場審査のうえでも厳しくチェックされるようになりました。

　したがって，上場準備会社では，従業員が過重労働とならないために，

- 残業をする場合には事前の申告を必要とし，上長の許可を必要とすること
- 会社は，各従業員のその月の残業時間，直近2か月ないし6か月の平均残業時間，月45時間超の残業をした月数をリアルタイムに把握できるしくみを作り，上長が従業員の残業時間をコントロールできるようにすること
- 期末に業務が集中するなど，繁忙期と閑散期の差が激しくならないよう，年間を通じた業務量を調整すること

などの取組みが必要です。

　上場審査では，部署ごとの各月の平均時間外労働時間の推移などが問われますし，有給休暇の取得が法律上義務化されたことから，各従業員の有給休暇の取得状況についてもレビューが行われています。

■その他の労務管理

　労務管理について，上場審査に関連するその他のチェックポイントは以下のとおりです。

①　パートタイマーの社会保険加入状況

　雇用保険だけでなく，健康保険や厚生年金の対象とすべき範囲についても注意が必要です。

②　偽装請負になっていないか

　偽装請負とは，労働者の福利厚生や労働者派遣法の規制を免れるために，請負や業務委託を装う行為です。契約形態が請負や業務委託であっても，実際には会社から指示や命令を行っている場合には，偽装請負とみなされます。

③　外国人の労務管理

　労働者不足から，外国人を雇用する企業が増えています。外国人を雇用する際には，在留資格や在留期間を確認し，その範囲内での業務をさせる必要があります。

4 採用戦略と離職率の コントロール

┗ 最速最短ポイント ┛

- 労働人口が減る中，どのように従業員を確保するかはすべての会社の課題となり，上場審査でもインタビューを受ける
- 特にCFOや管理部門の体制構築は早めに準備する
- 学生が企業を知る媒体や経路は多様化しており，上場準備企業は対応を求められている
- リファーラルを活用して中途採用を進める
- 上場準備に入ったことによる環境の変化で離職が増えないよう，環境を整備する

　上場する企業は，会社が成長を遂げる事業計画を描いており，事業の成長にともなって社員も増えていくことが前提となります。

　そこで，どのように社員を採用し人員を確保するのか，どのように社員を教育し育成するのか，どのような制度を用意し離職を防止するのかなど，人事の戦略についても上場審査の過程でインタビューを受けることになります。

■新卒採用

　以前のようなリクナビ，マイナビといった媒体や合同説明会といった情報発信だけでなく，企業ごとのSNSによる情報発信や学生間の口コミなど，学生が企業を知り，興味を持つ経路は多様化するようになりました。

　また，コロナ禍以降，オンラインによる会社説明会が増え，住んでいる場所にかかわらず，学生と企業がコミュニケーションを取れるようになっています。このような時代の変化に，上場準備企業は敏感でなければなりません。

社員が会社に求めることは，伝統的に次の3つであるといわれています。

① 労働条件（生存欲求）

給料や賞与，休暇や福利厚生の内容などです。労働条件が低いと，学生から選択の対象に入れてもらえません。

② 本人の役割（関係欲求）

この会社に入って自分は仲間に入れてもらえるのかや，自分の得意なことを仕事に生かせるのかといったことです。社員同士の仲が良かったり，風通しがいい様子が伝わると好印象です。また，社内にいろいろな役割があって，自分の希望にそった役割を与えられることがわかると安心して志望できます。

③ 本人と会社の成長（成長欲求）

この会社に入ると自分が成長できそうだと感じる要素です。また，会社自身も成長していくことを感じさせないと，応募者に魅力的に映りません。上場を目指す企業は，ぜひこれからの会社の成長ストーリーを学生たちにも伝えるようにしてください。

■中途採用

中途採用では，経験者を優遇するケースが多く見られますが，実は優秀で人柄の良い人が転職を考えることはまれです。現在勤務する会社で評価され，やりがいを与えられていれば転職を考えることがないからです。

したがって中途採用の場合には，転職のきっかけが合理的か（配偶者の転勤や，前勤務先の倒産）や，転職の理由が合理的か（営業職は不向きで，事務職ができる会社を探している）に着目しながら人選をすると良いでしょう。

中途採用市場も競争が激化しており，エージェントなどを利用した採用だけでなく，社員の紹介（リファーラル）による採用を活性化させることで，採用の機会やマッチングの確率を上げている会社が中途採用をうまく進めています。

また，労働条件（生存欲求），本人の役割（関係欲求），本人と会社の成長（成長欲求）が満たされる会社であることを感じさせるような採用活動が求められることは，新卒採用の場合と同様です。

■管理部の採用

上場準備会社では，

- CFOによる投資家対応
- 株主名簿の管理と株主総会の招集，運営
- 税務会計から企業会計への移行
- 決算の早期化と予実分析
- 内部監査
- 内部統制

など，非上場の会社とは比べものにならないほど多くの管理体制をとる必要があり，そのためのリソースが確保できていることが求められます。管理部の人数だけでなく，知識や経験も主幹事証券会社や東証からインタビューを受ける対象となります。

IPOに精通する人材は取り合いになる傾向がありますので，早い段階から人材の確保を進めるようにしてください。

■離職防止策

せっかく採用し，教育をした社員が簡単に会社を辞めてしまうのは企業にとっても損失です。適正な離職率は業界や社風によって一概には決められませんが，上場審査では離職率についてもレビューされています。

特に，上場準備会社では，

- 会社のルールが変わるなどして働き方に戸惑っていないか
- 急激に業務が増え，過重労働のストレスを抱えていないか
- 急激に社員が増え，人間関係のストレスを抱えていないか

などに気を配り，貴重な人材を失わないようなケアを心がけてください。

第4章

上場会社に必要な
管理体制を構築する

1 ## 決算短信45日ルールをクリアする

＼ 最速最短ポイント ／

- 決算の早期化は管理部門における上場審査の試金石である
- 社内にボトルネックがあったり，連結対象の会社が多すぎる場合にはその整理が必要となる
- トップが先頭に立って社内の空気を変えたり，システムや人に投資を決断しなければ，いくら声をかけても決算の早期化は実現しない

　上場企業には，四半期ごとに，かつ決算日後45日以内に決算短信を開示するよう義務づけられています。また，さらなる早期開示が望ましいとして30日以内の開示が推奨されています。

　非上場の会社の申告期限が3か月であるのに対し，その約半分の期間で決算をしなければならない，いわゆる45日ルールをクリアするためには，速報性と正確性の両方を満たす決算早期化のための社内体制を作らなければならず，これが上場審査をクリアする管理体制の試金石となります。

■ボトルネックを解消する

　決算が早期化できない場合のボトルネックを把握して解消します。典型的には以下のようなケースがあります。

① 情報が上がってくるのが遅い

　営業が経費精算を月末になってまとめて行い，その結果経理業務も月末月初に集中してしまう，といったケースです。

　このような場合には，「経費精算は毎週行う」「支出後3日以内に行う」といった経費精算のルールを変更することで，月末にならないと経理作業が行え

ない状態を，週次や日次で経理数値を把握できるしくみに変えていくことが大切です。

　決算のための情報が社内でなく，取引先からの報告にかかってくることもあります。例えば，オンラインゲームの開発会社において，ゲームのダウンロード数を自社では確認できず，販売会社からの報告によって把握するようなケースです。このようなケースでは，取引先にも早期の報告を依頼し協力を求めたり，監査法人と協議の上で売上の概算計上のルールを作るなどの対応をします。

②　連結対象の会社が多すぎる

　単体決算が早期に実現したとしても，連結対象となるグループ会社が多いと，連結決算を出すために工数と時間がかかってしまいます。

　M&Aを多用して成長した会社はグループ会社が多くなる傾向にありますが，グループ会社が多いことは決算の早期化だけでなく，規程の整備，ガバナンス，資本政策などいくつもの観点から上場のハードルが上がってしまいます。また，資産流動化のために特別目的会社を利用しているケースや，重要性の低い子会社を連結範囲から除いているケースでは，監査法人や証券会社の納得を得られず，直前々期までさかのぼって連結財務諸表を作り直すといった事態を招くことすらあります。

　ですから，上場準備の段階ではできるだけ，1つの事業については1つの会社にまとめる（合併），関連しない会社は子会社としない（非グループ化）こととし，連結対象となるグループ会社の数を減らすのが賢明です。

■属人化を解消する

　上場準備の段階では，経理部門の人員が少ないことも多く，経理の工程が知識のある1人の担当者にしか理解できない資料に基づいて行われていることも少なくありません。

　しかし，このような属人化が起きてしまうと，その担当者が他の業務に追われていると決算作業がストップしてしまいます。また，担当者が体調を崩した場合など不測の事態に備えることもできません。

　したがって，社内に標準テンプレートを準備して決算業務を単純化し，経理部員が誰でも仕事が分担できる状態を作るようにしてください。

■税務会計から企業会計への移行

　未上場の多くの会社では，税務申告（税金がいくらかかるかを計算する）を目的とする税務会計に準拠した決算を行っているのに対し，上場企業では投資家をはじめ多数のステークホルダーに企業の実態を開示するために，企業会計に基づく決算が求められます。

　企業会計では，引当金や棚卸資産，固定資産の減損会計と資産除去債務など，税務会計とは異なった専門的な知識が要求され，監査法人との連携も求められます。

　したがって，企業会計に対応できる知識のある社員を補充したり，企業会計に対応した決算業務をサポートするアウトソーサーを利用するなど，上場準備前とは違った管理体制が求められます。

■収益認識に関する会計基準の理解

　企業会計への移行にあたってよく議論になるのが収益認識です。収益認識とは平たくいうと「どの時点で，どの範囲を売上として計上するのか」という基準をいいます。

- 注文を受けただけで，商品を引き渡していないのに売上を計上している
- 取引先の検収作業を待たずに，出荷時点で売上を計上している
- 消費税の会計処理を税込み方式としている
- 委託販売のようなケースで，商品やサービスを支配しないまま顧客に提供しているにもかかわらず売上として計上している
- 複数の会計期間にわたりサービスを提供するにもかかわらず，入金時点で全額の売上を計上している

といったケースでは，これまでの会計を改める必要がある可能性があります。その場合は，新基準を採用することになると売上の金額が減ることになります。

■会計システムのリプレイス

　業務の属人化を排除，会計を効率化することで決算を早期化するために，新しい会計システムを導入することも有力な選択肢の1つです。

　自社に合った会計システムにはどのようなものがあるかについては，監査法

人のショートレビューを受ける際に，監査法人にアドバイスを求めてみるのも
いいでしょう。

　基幹システムをリプレイスするには大きな費用がかかりますし，社員に操作
に関する教育をし，運用に慣れるまでには時間がかかるので，早い段階からの
検討，実施をすべきことはいうまでもありません。

■トップダウンで決算早期化を実現する

　決算の早期化は，経理部門の努力だけではなく，営業部門など他の部門の協
力が不可欠です。今までの慣習を打破し，毎日やる習慣をつけるなど社員の行
動を変えるためには，現場任せではなく，社長らトップが関与しなければなら
ないことが多いです。

　また，管理部の人員の補充や新しい会計システムの導入など，大きな投資が
必要なことが多く，これらもトップの決断を要します。投資もせず現場任せで
「早期に決算を」と指示するだけでは，現場は変わりません。

　そもそも，決算の早期化が必要なのは，投資家のためだけではありません。
経営は何か月も過去の数字を分析してするものでなく，リアルタイムで今の数
字を分析しながら判断を下すものです。飛行機を操縦するためには，現在の高
度や飛行速度を把握する必要があるように，経営をするためには現在の売上や
経費などの数値を把握する必要があるのです。10分前の高度や飛行速度がわ
かっても飛行機は操縦できないのと同様，何か月も前の数字がわかっても経営
はできないということを，まずはトップが理解し，現場に決算早期化の必要性
を説明してあげてください。

2 監査法人との良好な関係の
つくり方

＼ 最速最短ポイント ／

- 事業に将来性があり，ある程度の管理体制が構築されていないと監査法人は監査を引き受けてくれない
- 監査法人は教えてくれる人でも，お友達でもないということを理解し，できるだけ監査法人の求めることに的確に応えることで監査報酬を抑えることができる

　監査法人は，会社から独立した第三者として会社が作成した財務諸表等を監査し，財務諸表等が適正に作成されているかどうかについての監査意見を表明するのが役割です。

　上場準備においては監査法人の役割を理解していないと，コミュニケーションの掛け違いから思わぬ遠回りをしてしまう危険がありますので，本項では監査法人の役割について説明します。

■監査法人が上場準備会社を選ぶ時代

　上場を果たすためには，最低でも上場直前2期の会計監査が必要となります（TPM上場の場合は，直前1期の会計監査で上場することが認められています）。

　つまり，上場をするためには，まずは監査法人に監査を引き受けてもらわなければならないのです。「監査難民」という言葉が使われるようになって久しいように，上場を希望する会社が増えている一方で，監査を引き受けられる監査法人の数には限りがあります。会計不正の不祥事が世に出るたびに監査には厳格性が求められ，監査に工数がかかる状況がこれに拍車をかけています。

　監査法人の本音を聞くことができる機会は稀ですが，上場準備会社は監査法

人の立場を理解し，自社の体制を整備してから監査を依頼する必要があります。

　上場準備会社の中には，自分たちは会計や内部統制の知識がないから，監査法人から教えてもらいたい，指導してもらいたいと考える人がいます。しかし，監査法人は上場準備会社を指導したりコンサルしたりする立場ではなく，第三者として監査をする立場です。この認識を間違ってはいけません。

　監査法人は，クライアント企業が上場し，上場企業として監査を求められることを目的として上場準備を手伝います。したがって，上場を果たすことが難しいと思われるケース，具体的には

- 収益性や成長性の面で魅力的な事業がない
- 業種的に魅力がなく，時価総額が伸びることが期待できない
- 主幹事証券会社がついていない
- 社内に適切なCFOがいない
- 内部統制に対する経営陣の理解が足りない

といった場合には，遠回しに監査契約を断ることになります。

　監査法人は，その上場準備会社の監査を引き受けるに値するかどうかを，まずはショートレビューを実施することによって判断します。しかし，監査契約をしたとしても，2～3期の監査を実施して上記のような状況のような場合は，監査契約を更新しないという判断をするようになっています。

　ですから，あらかじめ魅力的な事業計画や，最低限の管理体制は整えたうえで，監査法人とのおつきあいを始める必要があります。

■大手監査法人にこだわる必要はない

　一方で，かつてはいわゆる四大監査法人と呼ばれる大手監査法人が，新規上場企業の監査を引き受けることが多かったのですが，大手監査法人が上場準備企業の監査の引受数を絞っていることと，新たに中小の監査法人が増えていることから，監査法人選びの選択肢は増えています。

　実際に，2020年には93社あった新規上場のうち，67％の会社の監査を大手監査法人が引き受けていましたが，2023年に新規上場した96社のうち，大手監査法人が監査をしたのは48％に減少しています。

　多くの監査法人の話を聞き，自社の規模，業種，課題に合った監査法人を選

ぶようにしてください。

■監査法人と良好な関係を築くための心構え

① 監査法人は指導をする人や教えてくれる人ではない

　監査法人は，上場準備会社に会計を教えたり，指導をする立場ではありません。また，正しい財務諸表を一緒に作り上げるお友達でもありません。

　監査法人は，会社が作成した財務諸表の情報が使えるか，使えないかを表明する立場なのです。ですから，監査法人は，会社の準備が不十分でも怒りません。あえてわかりやすくいえば，できていようがいまいがどっちでもいいと考えているからです。

　一方で，監査が目指しているのは，1つの誤りもない完璧な状態でもありません。監査法人が，会社が作成した財務諸表等に「適正意見」を付するというのは，「合理的な保証」を与えるという意味です。つまり，重要な部分について大きな間違いがないということがわかれば「適正意見」を出してもらえるということです。

　上場準備会社としても，細かな点まですべてに正確性を求められると考える前に，「何が重要で何が重要でないのか」「何を原理原則としてルールが決められているのか」といったことを理解しましょう。

② 監査に言質は存在しない（あるのは事実と会計基準のみ）

　上場準備をしている会社の会計担当者から「監査法人の回答が途中で変わって困っている」という話を聞くことがあります。以前は「これでいい」といっていたはずなのに，「やっぱりダメだ」といわれたというのです。

　しかし，監査法人は，事実と会計基準のみによって監査をするといわれるように，監査報告書を提出する以前に何をいったかは意味をなさないのです。監査法人はよく，会計担当者からの問いに対して「現時点では問題ありません」という答えをすると聞いたことがあります。これは，文字どおり，現時点では問題を把握していないが，今後どのように意見が変わるかわからない，という意味ととらえなければなりません。

　監査法人の意見が途中で変わると感じる原因は，「会計基準が難解で，かつ頻繁にアップデートされるために，担当の会計士もついて行くのが大変」「監

査法人内でも現場の担当者と法人内の審査員が分れていて，現場の担当者の意見が絶対ではないこと」「監査法人の担当者が上場準備企業の事業を十分理解できていなかったこと」などが原因となることがあります。

　監査法人から連絡がないことを順調に進んでいるからと勘違いする会社があります。しかし，監査法人は，会社の作業のあとにしか動くことができず，ただ会社の作業を待っている，といった逆のケースも多くあります。監査法人が何を求めているかを，常に確認し，感じながら体制を構築することが重要です。

■監査報酬が高くなる会社，安くなる会社

　監査報酬は，「単価×時間」で計算されており，類似業種の上場企業にかかる標準的な工数を前提に見積もられます。決算経理開示体制が整備され運用されているという前提で見積もるので，ショートレビューでこの前提に不備があるとわかると，バッファーを見込んで報酬が高くなります。また，工数の実績が予定を超過するとその次の期はさらに高くなるので注意が必要です。

　一方で，監査手順をよく理解して準備できれば，監査法人の工数を減らして監査報酬を減らすことも可能です。

　監査法人から要求されることは毎年ほぼ同じなので，どの時期に何が欲しいのかを覚え，要求される前に準備を進めるとともに，株式の移動，M＆A，新規事業などを行う際には，できるだけタイムリーな情報共有を心がけてください。

3 アウトソーシングを最大限活用しよう

＼ 最速最短ポイント ／

- 管理業務のアウトソーシングは積極的に活用してよい
- 「わからないから丸投げ」はNGであくまで会社が情報を理解，把握し，分析したうえで戦略を立てられる体制が必要
- 上場時特有の業務はアウトソーシングに向く。上場後も必要な業務は，最終的には内製化することを考える

　会社が上場準備に入ると，それまでは必要とされなかった多くの専門知識が要求されたり，規程の整備や内部監査，労務管理や経理など，さまざまなタスクが増え，人手が必要となります。

　そのすべてを社内で内製化しなければならないと思われている方もいますが，アウトソーシングを上手に活用すること自体が，証券会社や監査法人，東証から問題視されることはありません。

■アウトソーシングに向く分野

　上場準備会社が利用できるアウトソーシングの一例をあげると以下のとおりとなります。

　この中でも，上場時特有の業務については，特にアウトソーシングに向いているということができます。一方，上場後も必要となる業務については，当初はアウトソーシングに頼るとしても，徐々に知識やノウハウを社内に蓄積できるようにして，ある程度の段階からは内製化できるような計画を立てるべきといえます。

【上場時特有の業務】
- 上場申請書類の作成
- 社内規程の整備
- 事業計画，資本政策の立案
- 内部統制の構築と文書化
- 上場準備作業の進捗管理

【上場後も必要となる業務】
- 労務管理
- 企業会計に則した経理，決算
- 内部監査

■アウトソーシングを利用する場合の注意点

　上場審査のうえで大切なのは，アウトソーシングを，会社が「人手が足りないから（効率化の点で）使っている」のか，会社が「わからないから丸投げしている」のかが見られているということです。前者であれば審査上問題ありませんが，後者ですと問題です。

　例えば，経理や決算についてであれば，前項で述べたとおり監査法人は，指導をしたり教えてくれる相手ではありませんので，アウトソーサーを利用して知識や人手を補充することは良策です。

　ただし，実際に自社で予実を分析したり，責任をもって開示できる体制になっていることが大切です。アウトソーサーから受け取った資料を会社の担当者が理解できず，監査法人や証券会社からの質問に答えられないといった事態が許されるわけではありません。

　また，アウトソーサーはいわゆるインサイダー情報を扱うことになりますので，適宜機密保持契約を締結するなど，情報漏洩を防止するための手段を講じておくことも求められます。

4 ラインと管理，財務と経理，ヨコの兼務を解消する

\ 最速最短ポイント /

- ライン部門（現業部門）とスタッフ部門（管理部門）は相互牽制を働かせる必要があるので兼任は禁止する
- 財務部門と経理部門を兼ねてしまうと，振込の記録を偽造するなど不正の恐れがあるので，兼任は禁止する
- 管理者の人数が不足するケースでも営業部長と経理部長の兼務などヨコの兼務は禁止する
- 営業部長と営業課長を兼ねるようなタテの兼務は一定程度許容する
- 主要な部門には管掌役員を置き，代表取締役は特定の部門を管掌しないこととする

　上場準備会社では，部門間が相互に牽制し合うことで不正を防げるように組織を作ることが求められます。具体的にはライン部門とスタッフ部門の分離，財務と経理の分離，ヨコの兼務の禁止，管掌役員の配置などがその内容となります。

■ライン部門（現業部門）とスタッフ部門（管理部門）の分離

　上場準備会社では，営業や製造といった会社の事業に直接かかわるライン部門（現業部門）と，これらの業務を支援，管理するスタッフ部門（管理部門）は明確に区別することが求められます。

　部門間で相互に牽制し合うことが内部統制の基本になるからです。仮に営業担当者が経理や財務を兼任するとすると，顧客から回収した売上金を着服したり，顧客からキックバックを受け取ったり，営業成績をよく見せるために売上

を水増ししたりという不正の危険が高まってしまいます。

　このようなことがないように，ライン部門とスタッフ部門を分離することが求められるのです。

■財務機能と経理機能の分離

　財務機能とは，資金調達や決済，資金管理などの業務をいいます。また，経理機能とは会社の日々の取引の記帳を行う機能をいいます。

　1人の担当者が財務と経理を兼ねてしまうと，取引記録を偽造して，会社の銀行口座から個人の資金に振り込むといった不正が可能になってしまいます。したがって，上場準備会社では財務機能と経理機能を分離するように求められます。

■管理職のヨコの兼務を解消する

　上場準備会社では，まだ組織が十分に成熟しておらず，人数も少ないことから，特定の人が複数の管理者を兼務するケースもあります。しかし，その場合でも，内部牽制の観点から，営業部長と経理部長の兼務など，いわゆる「ヨコの兼務」は解消することが求められます。

　営業部長が経理部長を兼務してしまうと，営業が費やした販売促進費や交際費について，チェックすべき経理部長と支出した営業部長が同一人になってしまい，無駄な支出が放置されたり，不正が起きたりする可能性があるからです。

　一方で，営業部長と営業課長の兼務のような，いわゆる「タテの兼務」はある程度容認されます。

■各部門を管掌する取締役を配置する

　会社の主要な部門には管掌役員を置き，取締役間での責任の所在を明確にするようにします。また，代表取締役は全社を統括する立場にあるため，特定の部門を管掌しないようにするのが原則です。

5	管理体制が外部にも伝わる 取締役会議事録の作り方

＼ 最速最短ポイント ／

- 取締役会で決議されるべき事項についてはもれなく決議の結果を議事録に残すようにする
- 取締役会内で会社の取るべき戦略が話し合われ，そこで決められたことの検証結果が後日報告されていることが確認できる議事録を作る
- ガバナンスが効いていることを示すために，社長以外の取締役，監査役や社外役員の発言も適宜議事録に残しておく

　上場するためには，成長性や一定の時価総額だけでなく，管理体制やガバナンス，コンプライアンスなどの体制が構築されていることも求められます。上場企業として不特定多数の株主たちが安心して株式を売買することができる状態を作る必要があるからです。

　では，主幹事証券会社は，どこで上場準備会社の管理体制をチェックしているのでしょうか。もちろん，定例のミーティングや役員のインタビューでも管理体制をチェックしています。

　しかし，意外と見られているのに忘れがちなのが取締役会の議事録です。本項では，上場準備会社が留意すべき，取締役会議事録のチェックポイントについてお伝えします。

■取締役会で決議されるべきことが決議されていること

　まずは当然のことですが，取締役会で決議すべき事項は，すべて議事録に残されている必要があります。

　取締役会で決議しなければならない事項の詳細は**第5章**で解説しますが，例

えば，会社の所有する物を取締役に売却するとか，取締役の所有する物を会社が購入するといった利益相反取引については，必ず取締役会の承認決議が必要です。

　取締役会で決議しなければならない事項は，法令で定められたもののほか，権限規程や取締役会規程など社内規程で定められた事項も含みます。

　取締役会の運営に慣れていない会社では，取締役会議事録を読んでも，何について決議がとられたのかが不明確な事例が散見されます。

　例えば，会社が「これまで運営してきたA店舗を閉鎖して，B店舗に移転する」という意思決定をする場合に，「A店舗の移転について」という議題があげられることがあります。

　しかし，取締役会で決議をとらなければならないのは，「重要な財産の処分」「重要な財産の取得」「多額の借財」等ですから，

① 　A店舗の内装2,000万円について除却すること

② 　B店舗の賃貸借契約を締結し，保証金2,000万円を支払うこと

③ 　B店舗の内装費として5,000万円を支出すること

④ 　A店舗からB店舗への移転費に充てるための運転資金1億円を借り入れること

などが決議事項になるのです。

■取締役会での決議に際し合理的な理由が示されていること

　取締役会では，決議に必要な内容が説明され，資料が示されたうえで質疑応答や意見交換がされていることが必要です。

　例えば，先の事例であれば，

①については，A店舗の内装はほかに転用することはできず，原状回復工事として2,000万円は妥当であること（原状回復に関する相見積りの資料など）

②については，B店舗の賃借物件が妥当であること（賃貸借契約書案と，近隣物件の相場がわかる資料など）

③については，工事費として5,000万円の支出が妥当であり，今回の投資は3年で回収することができること（店舗の完成イメージ，内装工事に関する相見積りの資料，B店舗の5年間の事業計画資料など）

④については，１億円の借り入れ条件が妥当であり，返済に支障がないこと
（他の金融機関との借入条件の比較表や，今後のキャッシュ・フローの見込みに関する資料など）

が示されていることが想定されます。このような資料があってはじめて，取締役は会社の意思決定が妥当であるかどうかを判断できるからです。

■重要事項が取締役会に報告されていること

取締役会では，法律や規程に定められた決議事項が決議されているだけではなく，会社内で起きる課題や問題，今後の方向性などについて報告され，意見交換がなされていることが必要です。

特に社外の取締役や監査役は，取締役会で受ける報告が主な情報収集源となりますから，執行側の取締役ではすでに共有されている情報でも，重要な事項については取締役会で報告する習慣をつけてください。

例えば，

- 予実の進捗が順調でない場合の追加のアクションプランや今期の着地見込み
- 経営に影響を与えそうな裁判がある場合の，裁判の見通し
- 残業の上限規制に違反して残業する社員がいた場合の再発防止策
- 大きな投資をともなう戦略を練る場合の頭出し

などがこれに当たります。

■取締役会で次の戦略が話し合われ，PDCAが回っていること

取締役会では，重要事項について決議や報告がなされているだけでなく，実際に対策や戦略が話し合われ，実行され，その結果が検証されていることまで求められています。

例えば，先の例でいえば，

- 予実の進捗が順調でない場合の追加のアクションプランが話し合われた後，３か月後の取締役会で，追加のアクションプランが実行された結果想定以上の結果が得られ，今期の予算が達成できる見込みとなったこと
- 残業の上限規制に違反する残業がされないように，システムを改修し，社員の毎月の残業時間，今月許される残りの残業時間が常に見られるようにした

うえ，残業申請もシステム上で行うようにしたところ，直近3か月は上限を
　超えるような残業をする社員がゼロになっていること
などが報告され，議事録に記載されていれば，この会社では取締役会で有効的
な施策が話し合われ，課題があってもPDCAサイクルを回すことで解決する力
が備わっているということが伝わります。

■社長に対してガバナンスが効いていること
　会社が小さいうちは，創業者である社長の声が大きく，他の取締役や監査役
があまり口をはさまないケースがあります。しかし，上場会社では，役員同士
も相互に牽制し合い，経営の方向性を誤らないような議論がなされていること
が求められます。
　取締役会では社長だけでなく，他の取締役や監査役も発言し，社長の誤りや，
専権的な意思決定にはブレーキをかけることが求められます。
　また，社外取締役や社外監査役が一切発言しないような取締役会の運営は好
ましくありません。社外役員は，他社の事例やこれまでの経験から，上場準備
会社の専従の役員では気づけなかった問題や課題を指摘し，質問をしたり意見
を述べることで，会社に考える機会を与えることを求められています。
　このように，社長に対して他の役員が自由に意見をいうことによりガバナン
スが効いているかも取締役会議事録でチェックされています。
　もっとも，取締役会議事録には役員のすべての会話を逐一記録することが求
められているわけではありません。適切な議事録の書き方については，上場準
備の経験を積んだ弁護士やコンサルタントに数か月間はアドバイスを受けて，
証券審査を意識した議事録の作り方を身につけると良いでしょう。

6	**全社一丸となって上場を目指す社内の雰囲気の作り方**

＼ 最速最短ポイント ／

- 上場準備に対して現場のモチベーションが上がらないケースが少なからずあるので，上場のメリットを社内で共有するように心がける
- 上場準備は特殊なタスクなので，トップは，社員は「どうすればいいのかわからない」「時間が足りなすぎる」といった悩みを抱えることを知っておかなければならない

　本書を執筆するにあたり，私は多数の証券会社関係者，監査法人関係者，IPOコンサル関係者にインタビューを実施し，上場を達成する会社の共通点だけでなく，上場を断念する会社の共通点もうかがいました。

　その中で，意外なほど多く出てきた上場を断念する会社の共通点が「トップと現場に温度差が出てしまう」というものでした。

　そこで，この項では，上場へ向かう会社の雰囲気作りについてお伝えします。

■上場のメリットを社員にも伝える

　経営者にとっては，新規上場というのは会社経営の成功のシンボルでもあり，資金調達をする，創業者利益を確保するなど大きなメリットを享受する機会でもあると思います。

　また，会社をさらに成長させるきっかけになる，優秀な人材を確保しやすくなる，社員の待遇を改善させられるなど，今いる社員にとってもメリットが多くあると思います。

　しかし，現場の社員にはそのようなメリットは伝わりにくく，かえって「管理が厳しくなった」「あれこれと仕事が増えたのに給料は変わらない」と不満

をためる機会になってしまうことすらあるようです。

　まずは，会社が上場を果たすことで「知名度と信頼度が上がり営業がやりやすくなること」「採用活動が格段にやりやすくなること」「収益性が上がれば給料のベースアップができること」など，社員にとっても理解しやすいメリットを何度もわかりやすく伝えていくことが大切です。

　経営者によっては，「そんなことは伝えなくてもわかっているだろう」と思っている方もいるようですが，新規上場を経験したことがある人などほとんどおらず，上場前に社員が上場のメリットをイメージするのはとても難しいことを知っておいてください。

■現場社員が抱える2つの悩み

　上場を準備する会社の現場の社員の悩みは「どうしたらいいのかわからない」「人手が足りない」の2つに集中します。

① どうしたらいいのかわからない

　上場準備に入ると，これまでは要求されてこなかった規程の整備・運用，企業会計への対応，内部監査やJ-SOX対応など新しい要求が増えますし，労務管理や稟議，コンプライアンスなど管理体制の強化も求められます。

　証券会社や監査法人とも定期的にミーティングを行うことになりますが，ほとんどの社員にとって上場準備ははじめての経験ですから，何をどのようにどこまですることが求められているのかわからないのが本音です。

　ところが，トップが強すぎると，現場から「わからない」とは声を上げられないとか，トップは「証券会社に質問しろ」「監査法人に聞いてみろ」というけれど，証券会社や監査法人は教える人ではないし聞ける雰囲気ではないなど，トップと現場に温度差ができてしまいます。

　もちろん，手を動かすのは現場の仕事なのですが，まずはトップが何をしなければならないのかを理解し，部下に指示をできることが大前提となります。トップ自身が何をすればいいのかわからない場合には，上場経験者やIPOコンサルタントなど依頼をして，まずは自らが「何をすればいいのか」を理解した上で，部下に任せるという姿勢が大切です。

② 人手が足りない

　同様に，決算の早期化など膨大な事務が属人化し，ほかにできる人がいない作業が増えてしまうケースがあります。

　このような場合も，トップが強すぎると「それは効率が悪いからではないか」「もっと工夫しろ」などといわれてしまいそうで現場からヘルプを出しづらい雰囲気になってしまうという会社が少なからずあります。

　現場はこんなに頑張っているのに，経営者はそのことを理解してくれないという不満がたまると，上場準備の途中で大切な人材が離職をするという事態にもつながりかねません。

　上場準備のためには，それまでの何倍もの知識とタスクが求められ，管理部を質的にも量的にも増強する必要があります。このことを経営者が理解し，そこに投資をできなければ，上場を実現することはできません。このような投資を可能とするためにも，利益を生み出せる魅力的なビジネスモデルを作ることが経営者の役割となるのです。

■そもそもなぜ上場するかが大切

　トップが多額のキャピタルゲインを得たいとか，上場会社の社長になってみたいという私心で上場を目指しているのか，会社の成長を加速させたいとか，そこで働く社員を幸せにしたいという公欲で上場を目指しているのかといった本音を従業員はすぐに見抜きます。

　証券会社や監査法人も，仕事を引き受けるかどうかを決めるインタビューで，実はこの社長の本音を見抜こうとしていることが多いようです。

第 5 章

コーポレートガバナンス の要諦

1　取締役会の構成と運営

＼最速最短ポイント／

- 名目だけや他の会社との兼任ではない専任の取締役を選任する
- 取締役の任期は2年，または1年とする
- 取締役の報酬は社長に一任するのではなく，報酬決定のルールや目安を決めておく必要がある
- 毎月取締役会を開催し，規程等で定められた事項については必ず決議をとり，議事録に残す

　取締役会は，業務執行の最高意思決定機関であり，ガバナンス機能が発揮される基本的な機関となります。したがって，取締役会においては，議案にかかる検討資料や月次業績資料などに基づいた十分な議論・検討と，その過程を経た組織的な意思決定・監督が求められます。十分な議論・検討がなされず，取締役会が形骸化しているような場合は，上場会社として不適切と判断されるので注意が必要です。

■取締役会の構成

① 取締役の人数

　会社法上は取締役会を置かず，取締役を1名とする株式会社も認められていますが，上場会社には取締役会の設置が求められるので，取締役を3名以上選任する必要があります。

　必ず管理部門を担当する取締役が必要で，かつ社長は管理部門を担当することはできません。

② 社長の親族，名目取締役

　未上場会社の場合には，取締役会の人数合わせのために，社長の親族や知人

を名目上の取締役として登記しながら，実際には業務にかかわらないような
ケースが見られます。

　しかし，上場会社では，名目取締役を登記するような運用は認められません。
また，取締役会の過半数を親族で占める場合には，取締役会での監督機能が実
質的に働かない可能性が高くなります。したがって，取締役の中に親族がいる
こと自体は否定されませんが，その場合にもその取締役が実質的にも業務を行
う者であることが求められ，かつ親族が取締役会の過半数にならないことが必
要となります。

③　他の会社との兼任

　上場会社では，常勤取締役は他の会社の取締役や会社以外の個人事業を行う
ことなく，当該会社の専任であることが求められます。

　なぜなら，取締役会は，必要に応じて機動的に開催できることが求められる
ところ，取締役がグループ外の他の会社の取締役を兼任していると，会社が迅
速な意思決定をできない状況にあると考えられてしまうからです。

　また，親会社等の取締役との兼務者や親会社等からの出向者が取締役会の半
数以上を占めることも避けなければなりません。親会社等が存在する場合，親
会社等との兼務者や親会社からの出向者が取締役会の半数以上を占めてしまう
と，上場準備会社の利益よりも親会社等の利益を優先して行われ，事業活動や
意思決定が阻害されるおそれがあるからです。

④　取締役の任期

　会社法上，取締役の任期は 2 年とされており，短縮することが可能で，また
公開会社以外については定款で最大10年まで伸長することが可能とされていま
す（会社法332①②）。

　上場するにあたっては，公開会社となることが前提となるため，取締役の任
期は 2 年以内とする必要があります。

　また，上場会社では半数を超える会社が取締役の任期を 1 年としています。
取締役を 1 年ごとの選任とすることで取締役に自らのミッションの自覚をうな
がし，緊張感を持たせることができ，コーポレートガバナンスにも資すること
になります。

⑤ 取締役の報酬

取締役の報酬が職務の内容に照らして妥当かどうかだけでなく，その決定方法に関するガバナンスも，上場審査のテーマとなっています。

非公開の小さな会社では，株主総会で取締役全員の報酬の上限を定めておけば，各取締役の具体的な報酬額の決定権限を取締役会や社長に委任することが認められています。

しかし，上場を目指す企業では，社長が各取締役の報酬を決めるようではガバナンスがきいておらず，社長一任とすることは認められません。

令和元年の会社法改正により大会社または監査等委員会設置会社である上場会社には，取締役の個人別の報酬等の内容についての決定に関する方針を定めることが義務づけられ（会社法361⑦），各取締役の個人別の報酬の決定プロセスの透明化が求められるようになりました。

また，東証のコーポレートガバナンス・コード4－2①では，「客観性・透明性ある手続による報酬制度の設計と具体的な報酬額の決定，中長期的な業績と連動する報酬の割合，現金報酬と自社株報酬との割合の適切な設定」が求められています。

このコーポレートガバナンス・コードは，プライムおよびスタンダード市場に上場する企業に適用されるもので，グロース市場は対象外ですが，取締役の報酬決定ルールを定める際には参考になるものです。

また，実際の企業がどのような報酬制度を設計しているかについて，参考になる例をご紹介します。

• J. フロントリテイリング株式会社

https://www.j-front-retailing.com/_data/news/200410_RemunerationPolicy_J1.pdf

• 株式会社資生堂

https://corp.shiseido.com/jp/ir/governance/reward.html

⑥ 取締役の辞任，解任，交代

一方で，上場準備中に常勤取締役が辞任したり，解任されたりする事態は避けるべきで，上場審査上も大きくマイナスの評価をされる可能性があります。

役員の退職理由に合理的な理由があるかや，退職役員が競業関係になってい

ないかなども審査されます。

　CFOが定着せずにころころ変わったり，引き継ぎがなされないままに退任してしまうようなケースでは，上場準備は振り出しに戻り，最初からやり直しになると覚悟してください。

■取締役会の開催方法

①　開催頻度

　取締役会の開催頻度については，会社法において少なくとも3か月に1度は開催しなければいけないと定められています。しかし，上場準備会社では，取締役会で意思決定すべき事項や報告すべき事項は相当数にのぼると考えられます。月次の業績や事業の状況などを取締役会の報告事項としている場合が通常でしょう。つまり，上場準備会社では，会社の状況をタイムリーに取締役会に報告し，素早く経営方針を意思決定するためにも，上場準備段階においては取締役会を，少なくとも月に1度以上開催することが必要です。

　少なくとも，上場申請の1年以上前から，月次で取締役会が開催されていることが求められていると考えてください。

②　開催の手続

　取締役会の招集は，会社法上は，招集権者が取締役会の日の1週間前までに，各取締役に対して通知を発することになっています。また，この期間は定款でより短くすることも可能です。また，監査役設置会社については，監査役への招集通知も必要となります。

　また，取締役会の招集通知は，かならずしも書面で行う必要はありませんし，会議の目的事項を示す必要もありません。さらに，取締役および監査役全員の同意があるときには，招集手続を省略して取締役会を開催することもできます。

　しかしながら，取締役会で出席者が実質的な議論を行い，監督機能を果たすためには，あらかじめ決議事項と検討するための資料が共有されていることが前提となっています。

　したがって，上場準備会社では取締役会開催の1週間前にはメール等の方法により出席者に開催の通知がなされ，遅くとも開催3日前までには，決議事項および報告事項に関する資料が共有されるのが通常です。

③ 開催の方法

　取締役会は，取締役および監査役全員一堂に会して議論をしたうえで，決議がなされることが好ましいことは当然です（いわゆるリアル開催）。

　ただし，例えば遠隔地から招聘している社外取締役や社外監査役のように，物理的に取締役会への出席に制約があり取締役会の機動性を損なうような状況にある場合においては，適宜オンライン会議システムを利用して取締役会を開催することも認められます。

　この場合も，役員同士が自由闊達に意見をいい合えるように，日頃からコミュニケーションを取り，信頼関係を築いておくことが肝要です。

　なお，取締役会議事録には，「取締役会が開催された日時および場所（当該場所に存しない取締役が取締役会に出席をした場合における当該出席の方法を含む。）」を記載する必要があります（会社法施行規則101③一）。オンライン会議システムを使って取締役会を開催する場合には，情報伝達の即時性および双方向性が確保されなければ適法な取締役会とならないため，このことを取締役会議事録にも記載しておいてください。具体的には，図表19のような記載を参考にしてください。

図表19　Web会議で取締役会を開催した際の議事録（例）

取締役会議事録

　令和5年11月14日15時30分，当社本店において，Web会議システムを用いて，取締役会を開催した。

　取締役総数　　　4名
　出席取締役数　　4名
　監査役総数　　　3名
　出席監査役数　　3名
　出席者：

　なお，取締役B及びCはWeb会議システムを用いて本取締役会に出席した。

　上記のとおり取締役及び監査役の出席があり，定刻，定款の規定により代表取締役Aが議長となり，本取締役会はWeb会議システムを用いて開会する旨宣した。

> 　Web会議システムにより，出席者の音声及び画像が即時に他の出席者に伝わり，出席者が一堂に会するのと同等に適時的確な意見表明が互いにできる状態となっていることが確認されて，議事に入った。
>
> （中略）
>
> 　以上をもってWeb会議システムを用いた本取締役会は，終始異状なく全議事を終了したので，議長は17時30分閉会を宣した。

④　書面決議

　会社法ではいわゆる書面決議（定款の定めにしたがい，取締役会の議案について取締役の全員が書面または電磁的記録により同意することにより，決議があったとみなすこと）も認められています。

　しかしながら，書面決議は，実質的な議論がなされないまま重要事項が決議される可能性もあるため，コーポレートガバナンスを有効に機能させるという観点からあまり望ましくありません。

　ですから，上場準備会社では，原則として書面決議は用いないようにします。また，どうしても書面決議によらなければならない場合でも，事前に取締役会で実質的な議論は尽くしたうえで，形式的な議決のみ，書面決議を用いるようにします。典型的には，決算承認をする際に，取締役会期日までには暫定数値しか出ておらず，監査法人の最終的な監査を受けた数字が確定していないような場合に，取締役会で実質的な報告や説明を行ったうえで，数字が正式に確定するのを待って書面決議をはかるようなケースです。

　なお，監査役設置会社の場合には，監査役が当該提案について異議を述べていないことも要件となるため，取締役から同意を得るだけでなく，監査役からも異議がない旨の確認を得てください。

　書面決議を取る場合には，実際の書面により署名捺印をとる方法，電子署名をつかう方法の他，メールの返信に「同意する」「異議がない」という意思を表明してもらう方法があります。

■取締役会の決議事項と報告事項

① 決議事項

　取締役会では，決議されるべき事項が漏れなく決議され，その他重要な事項について報告されている必要があります。

　前述のように，取締役会は業務執行の最高意思決定機関ですから，あらかじめ取締役会の決議がなければ実施できないことを職務権限規程や取締役会規程で決めておき，これらの事項についてはかならず事前に取締役会の決議が取られた後に執行されていることが必要です。万が一，認識不足により取締役会の決議漏れの状態のまま執行していた事実があると，重大なコンプライアンス違反として上場審査上も大問題となります。

　取締役会で決議すべき事項は**図表20**のとおりとなります。

図表20　取締役会で決議すべき事項

1　会社法上，必ず取締役会の決議が必要な事項

重要な財産の処分および譲受け ＊「財産」には，金銭や不動産だけではなく，債権，知的財産権など会社の有するあらゆる財産が含まれます。また，どの程度で「重要」といえるかについては，財産の評価額が会社の貸借対照表上の総資産額の1％程度以上となるかが目安とされています。	362条4項1号
多額の借財 ＊いくら以上の借財を「多額」とするかについては，取締役会規程などの社内規程でその水準（付議基準）を保守的に定めておくようにします。	362条4項2号
支配人その他の重要な使用人の選任および解任 ＊執行役員，支店長，本部長などが重要な使用人にあたります。	362条4項3号
支店その他の重要な組織の設置・変更・廃止	362条4項4号
募集社債に関する重要な事項	362条4項5号
内部統制システムの整備に関する事項	362条4項6号
定款の定めに基づく役員等の責任免除	362条4項7号
その他の重要な業務執行 ＊経営計画や年間事業計画の策定，年間予算の設定・変更，社内規程の制定・変更などがこれにあたります。取締役会の決議が必要であることを明確にするためにも，これら事項も社内規程で明記するようにします。	362条4項柱書
種類株式の内容	108条3項

株式の譲渡承認	139 条 1 項
株式の買取人の指定	140 条 5 項
自己株式取得価格の決定	157 条 2 項
子会社からの自己株式の取得	163 条
市場取引等による自己株式の取得	165 条 3 項
取得条項付株式の取得における取得株式の決定	169 条 2 項
自己株式の消却	178 条 2 項
特別支配株主の株式等売渡請求の承認	179 条の 3 第 3 項
特別支配株主の株式等売渡請求撤回の承諾	179 条の 6 第 2 項
株式の分割	183 条 2 項
株式無償割当て	186 条 3 項
単元株式数の減少・廃止	195 条 1 項
所在不明株主の株式の買取り	197 条 4 項
募集株式の募集事項のうち委任を受けた事項	200 条 1 項
公開会社における募集株式の募集事項	201 条 1 項
募集株式の株主割当ての際の募集事項	202 条 3 項
譲渡制限株式の割当て	204 条 2 項
譲渡制限株式の総数引受契約	205 条 2 項
端数株式の買取り	234 条 5 項
新株予約権の募集事項のうち委任を受けた事項	239 条 1 項
公開会社の募集新株予約権の募集事項	241 条 3 項
譲渡制限新株予約権の割当て	243 条 2 項
譲渡制限新株予約権の総数引受契約	244 条 3 項
新株予約権の譲渡承認	265 条 1 項
取得条項付新株予約権の取得日の決定	273 条 1 項
取得条項付新株予約権の取得において取得する新株予約権の決定	274 条 2 項
自己新株予約権の消却	276 条 2 項
新株予約権無償割当て	278 条 3 項
株主総会の日時・場所	298 条 1 項 1 号
株主総会の目的事項	298 条 1 項 2 号
書面による議決権行使の決定	298 条 1 項 3 号
電磁的方法による議決権行使の決定	298 条 1 項 4 号
その他，会社法施行規則 63 条に定める事項	298 条 1 項 5 号
業務を執行する取締役の選定	363 条 1 項
会社・取締役間の訴えにおける会社代表者の指定	364 条

取締役の競業取引・利益相反取引の承認	365条1項
取締役の招集権者の決定	366条1項ただし書
特別取締役による取締役会	373条1項
計算書類・事業報告・附属明細書類の承認	436条3項
臨時計算書類の承認	441条3項
連結計算書類の承認	444条5項
資本金の額の減少	447条3項
準備金の額の減少	448条3項
中間配当	454条5項
自己株式の取得	459条1項1号
欠損填補のための準備金の減少	459条1項2号
剰余金の処分	459条1項3号
剰余金の配当	459条1項4号

2　その他，規程により取締役会の決議を必要とすることが一般的な事項

重要な規程類の制定，改廃
相談役，顧問の選任，解任
役員報酬の内訳の決定
会社またはグループの経営の基本方針の決定
予算および中期経営計画の決定
決算短信，有価証券報告書，四半期報告書の承認
重要な関連当事者取引の実施
重要な契約の締結
株主名簿管理人の決定
重要な訴訟の提起

　なお，法律と社内規程で定められた取締役会の決議事項は「これらの事項は必ず取締役会の決議が必要だ」というものですから，それ以外の事項であっても取締役会での議論と決議がふさわしいと考えられるものについては，取締役会にはかられ，決議がとられることは何ら問題はありません。

② 報告事項

　各取締役は他の取締役の職務執行を監督しなければなりません。これを実効性あるものとするために，各取締役は取締役会に自己の職務の執行の状況を報告しなければならないとされています（会社法363②）。

　どのような事項を報告しなければならないかについて法律では決められていませんが，月次の業績，事業の状況，過去に取締役会で決議した事項の執行経過などは取締役会で報告すべき事項になります。

　その他の事項であっても，会社の現状や課題を共有し，リスクを認識し，重要な意思決定をするための事実は取締役会で共有すべき事項になります。報告を怠ると取締役の責任が発生する可能性がありますので，上場準備の過程において，各取締役が進んで取締役会に報告する習慣をつけてください。

2 独立社外取締役を登用する

╲ 最速最短ポイント ╱

- 上場申請の1年前までに独立社外取締役を1名以上選任する
- 独立社外取締役は，毎月の取締役会参加に支障がない範囲であれば，複数の会社を兼任していても問題ない
- 取締役会における独立社外取締役の意見は議事録に残し，会社運営に社外の意見が反映されていることを記録する

　上場準備会社では，コーポレートガバナンスの実効性を高めるために，会社の業務執行に従事せず，社内の利害関係やしがらみにとらわれない独立社外取締役の存在が重要であるため，独立社外取締役を選任しておくことが求められます。

■必要な独立社外取締役の人数
　会社法上も，上場会社については，大会社または監査等委員会設置会社の場合には社外取締役を置くことが義務づけられるようになりました（会社法327条の2）が，東証の上場規程との関係では必ず1名以上の独立役員（監査役を含む）の選任が必要であり（上場規程436条の2），努力義務として1名以上の独立取締役の選任を求めています（上場規程445条の4）。また，法的な拘束力はありませんがコーポレートガバナンス・コード上は少なくとも2名以上の独立社外取締役（プライム市場においては3分の1以上）を選任すべきとされています（CGコード原則4-8）。
　さまざまな規定が複雑にからみ合いますが，結論として，グロース市場に上場を目指す場合には，少なくとも1名の独立社外取締役を選任しておくことが必要と考えてください。

　また，独立社外取締役が機能していることを確認できる運用期間を考えると，遅くとも上場申請の半年前，できれば1年以上前には独立社外取締役を選任しておくことが望まれます。

■独立性の要件について

　独立社外取締役という言葉は聞き慣れないかも知れません。会社法で規定されている社外取締役の要件（会社法2十五）を満たすだけでなく，東証ではさらに「独立」という文言を加えて厳しい要件を課しています。

　独立役員の「独立」とは，一般株主と利益相反が生じるおそれのない役員という意味で，具体的には上場管理等に関するガイドラインⅢ5.（3）の2により**図表21**のいずれにも該当しないことが要求されています。

図表21　独立役員となるための要件（いずれにも該当しないこと）

a　当該会社を主要な取引先とする者若しくはその業務執行者又は当該会社の主要な取引先若しくはその業務執行者
b　当該会社から役員報酬以外に多額の金銭その他の財産を得ているコンサルタント，会計専門家又は法律専門家（当該財産を得ている者が法人，組合等の団体である場合は，当該団体に所属する者をいう。）
c　最近においてa又は前bに該当していた者
cの2　その就任の前10年以内のいずれかの時において次の（a）又は（b）に該当していた者
（a）　当該会社の親会社の業務執行者（業務執行者でない取締役を含み，社外監査役を独立役員として指定する場合にあっては，監査役を含む。）
（b）　当該会社の兄弟会社の業務執行者
d　次の（a）から（f）までのいずれかに掲げる者（重要でない者を除く。）の近親者
（a）　aから前cの2までに掲げる者
（b）　当該会社の会計参与（社外監査役を独立役員として指定する場合に限る。当該会計参与が法人である場合は，その職務を行うべき社員を含む。以下同じ。）
（c）　当該会社の子会社の業務執行者（社外監査役を独立役員として指定する場合にあっては，業務執行者でない取締役又は会計参与を含む。）
（d）　当該会社の親会社の業務執行者（業務執行者でない取締役を含み，社外監査役を独立役員として指定する場合にあっては，監査役を含む。）
（e）　当該会社の兄弟会社の業務執行者

> （ f ） 最近において（b），（c）又は当該会社の業務執行者（社外監査役を独立役員
> として指定する場合にあっては，業務執行者でない取締役を含む。）に該当して
> いた者

　また，どのような場合に上記のaにおける「主要な」取引先となるか，どの
ような場合に上記のbにおける「多額の金銭」を得ているコンサルタントにな
るかといったことを明確にするために，例えば，「直近売上の2％以上」「年間
1,000万円以上」といった基準を会社ごとに設定しておくことが考えられます。

■独立社外取締役の複数社兼任について

　独立社外取締役には，業界に明るい他の会社の経営者や法律の専門家である
弁護士，会計の専門家である公認会計士が選任されることが多い傾向です。ま
た，最近では取締役の中に一定割合を超える女性が含まれることも求められて
います。

　そうすると，どうしても適任者は限られているので，任期のある社外取締役
候補者は複数の会社を掛け持ちすることになります。

　そこで問題となるのは，社外取締役は何社まで掛け持ちすることができるの
かということです。明確な基準はありませんが，証券会社や監査法人などのイ
ンタビューを総合すると，多くても5社が上限ではないかという印象です。

　そもそも，月次の取締役会は各月の前半に開催することが要請されることと，
前月の月次決算をまとめ，予実の分析をしたうえで取締役会の資料として整理
する時間を考えると，取締役会は各月の10日～15日に集中します。ですから，
いくつもの会社の取締役を兼務すると，物理的にすべての会社の取締役会に出
席することができなくなります。

　株主総会の招集通知や上場後の有価証券報告書には，取締役の取締役会への
出席状況を記載することになることもあり，取締役会に出席することができな
いほど多忙な人を選任することは避けなければなりません。

■社外取締役の発言を議事録に残す

　独立社外取締役は，会社と経営陣・支配株主等との間の利益相反を監督する

こと，すなわち経営陣や支配株主の利益を図ることで一般株主の利益が損なわれていないかを監視する役割を負っています。

　そこで，社外取締役に期待された役割を果たしていることを記録に残すために，取締役会での社外取締役の質問や意見は適宜取締役会議事録に記録し，後日の上場審査で検証できるようにしてください。

■社外役員は非常時にこそ役に立つ

　上場会社に社外役員の意見を反映させるという動きは，主に米国の制度に倣ったもので，この制度を導入した当初，多くの企業では「事業のことがわからない社外取締役はお荷物である。なるべく安い報酬で引き受けてもらい，役員会では発言をせずおとなしくしていてもらいたい」という雰囲気がありました。

　しかし，その後，社外役員の重要性は日に日に増しており，東証の「コーポレートガバナンス白書2023」によれば，上場会社のうち，独立社外取締役を選任している会社は98.6％，独立社外取締役を2名以上選任している会社は実に85.4％に達しています。

　私の経験でも，社外役員が役に立つ場面は少なからずあると実感しています。社外役員は，その会社の事業については浅い知識しかないとしても，他の会社の事例を多く知っていますので，その会社のことしかわからないプロパーの役員では気がつかない視点を提供することができます。

　また，特に役に立てるのは，会社が非常事態に陥ったときです。典型的には，経営陣と支配株主の意見が対立したときや，経営陣の責任問題，報酬の決定方法についての意見の相違がでた場合などがこれにあたります。

　社外役員は，仮にその職を失ったとしても生活の基盤まで失うわけではないことが多いこともあり，経営陣や支配株主におもねることなく正しいと思う意見をいうことができ，結果として一般株主の利益を守ることができるからです。

3　監査役監査の実施

＼最速最短ポイント／

- 半数以上が社外監査役である監査役会を作り，直前期までには運用を始める
- 監査役会の代わりに監査等委員会を設置することも認められるが，会計監査人の設置が必要となるので安易な制度設計は慎む
- 監査計画を策定し，監査役間での分担を決める
- 内部監査人，会計監査人（監査法人）と連携し，三様監査で相互の情報を共有することで，効率的で効果的な監査を実施する

　上場準備会社では，早い段階から複数（うち1名は常勤監査役）の監査役による監査体制の整備が求められ，上場申請時には監査役会または監査等委員会の設置が必要です。設置するだけでなく一定の運用期間を設けることも求められるので，実際には直前期までに監査役会または監査等委員会を設置してください。

■監査役会の構成
　監査役会を構成する場合，3名以上の員数が必要で，かつそのうちの半数以上は社外監査役である必要があります（会社法335③）。
　監査役の任期は，独立性を担保するために，取締役とは異なり4年となります。
　また，監査役は取締役の職務執行を監督する立場にあるため，名目監査役が認められないのはもちろん，上場準備会社では取締役の親族が監査役となることも認められません。
　さらに，1名以上の常勤監査役をおき，常勤監査役は原則フル出勤し，取締

役会や重要な会議に出席します。

■監査役会に代わる監査等委員会の設置

　監査役会に代えて，監査等委員会を設置するという機関設計を選択すること
もできます。この場合は，3名以上の監査等委員である取締役（過半数は社外
取締役）で構成される監査等委員会を作ります。

　監査等委員会設置会社では，監査等委員会が，複数の社外取締役で構成され
ることから，独立社外取締役の人数要件を効率よく満たす目的で設置しようと
いう考えがあります。例えばスタンダード市場を想定する場合，監査役会設置
会社では最低でも取締役1名，監査役2名の合計3名の社外役員が必要である
のに対し，監査等委員会設置会社では，監査等委員である社外取締役2名で足
りるからです。

　しかし，上場準備企業が監査等委員会を設置する場合には，会計監査人の設
置，すなわち監査法人の監査証明が必要という点に留意が必要です。なぜなら，
監査役会設置会社の場合には，監査法人の監査証明は上場申請時に直前々期，
直前期の2期間がまとめて出されますが，監査等委員会設置会社の場合には，
会計監査人設置の期から監査証明が必要となるからです。監査法人が監査証明
を出すことに難色を示し，上場申請が頓挫することがないよう，いずれの機関
設計を選択するかは慎重に検討してください。

■監査役監査の実施

　各監査役は，それぞれが独立した機関として取締役の職務執行を監督するだ
けでなく，相互に連携し，監査役会を通じて組織的，計画的な監査を実施する
必要があります。したがって，監査役会を設置していない段階（監査役が2名
の段階）でも，「監査役連絡会」や「監査役協議会」の名目で定期的なミー
ティングを開き，監査計画の策定や情報の共有を行ってください。

　監査役監査は，取締役会に出席して意見を述べるだけでなく，各監査役で分
担し，あるいは協同して次のような監査手続を実施します。

① 監査計画の策定

　監査方針を定め，その期の重点項目，日程，監査内容，職務分担等について

計画立案します。

② 期中監査

　取締役会その他の重要会議への出席，事業所往査，稟議書等重要書類の閲覧，代表取締役等へのヒアリング，内部統制の整備・運用状況の確認等を行います。また，定期的に内部監査人，会計監査人（監査法人）とミーティングを行い，監査内容，重点項目，発見事項等の共有を行います。

③ 期末監査

　会社法事業報告とその附属明細書の検討，計算書類とその附属明細書の検討，決算短信の検討，株主総会にかかる一連の手続の適法性，有価証券報告書，内部統制報告書の検討等を行います。

④ 監査報告

　各監査役の監査報告に基づき監査役会として監査報告を作成します。これとは別に，期中等の監査で発見した事項については，そのつど監査役会にフィードバックを行います。指摘事項については，期日を設定して改善を求め，後日改善されているかの確認を行います。改善の確認がされているかという点まで上場審査時にはチェックされます。

⑤ 監査調書

　監査手続の実施結果は，そのつど監査調書として記録します。監査調書には，監査日，実施者，監査目的，実施手続，ヒアリング相手，閲覧資料，実施結果，結論等を記載します。また，内部監査人および会計監査人との間で実施したミーティング状況も記録しておいてください。

⑥ 監査役会の開催

　監査役会は，月次で取締役会の開催日にあわせて開催されるのが通例です。原則として監査役全員の出席が必要です。監査役会の議事録には出席した監査役が署名し，10年間本店に備え置くことが必要となります。

■内部監査人，監査法人との連携（三様監査）

　監査役は，内部監査人，会計監査人（監査法人）と定期的にミーティングを開き，互いの監査範囲や監査結果等について情報交換を行います。これを三様監査と呼びます。

　それぞれの監査の目的は異なりますが，三様監査での情報交換を通じ，業務の重複をできるだけ減らすことで，効率的かつ効果的な監査を実施することができるようになります。

　三様監査のミーティングの頻度は，年4回，四半期ごとに開催するのが一般的です。

4 社長直轄の内部監査部門を立ち上げる

＼ 最速最短ポイント ／

- 内部監査は通常業務から独立した内部監査専従者によることが望ましいが，組織が小さいうちは兼任者によるクロス監査や，アウトソーシングで対応することも認められる
- 内部監査計画は，前期の内部監査で指摘した事項，監査役や監査法人による指摘事項，取締役会で議論されている事項などを踏まえ，重点監査項目を設定する

　会社のルールである規程を作り，社内で不正が起きない形式が整えられたとしても，実際に社員がルールどおりに業務を行い，稟議，決裁，契約の締結，出金，経費の精算などを行っていなければ，規程は絵に描いた餅で意味がなくなってしまいます。

　そこで，上場準備会社では，通常の業務から独立した内部監査部門を立ち上げ，社内ルールを社員が理解し，ルールを守って業務を行ったかをチェックする必要があります。

■内部監査体制の作り方

　内部監査は，経営者自身が，会社財産の保全や適法かつ効率的な業務運営を担保するために行うものです。ですから，内部監査部門は社長直轄の部門とし，他の部門の影響を受けない独立の専従者を担当者としておいて，強い権限を持たせることが原則となります。

　しかし，上場準備の段階では，会社の規模や業種・業態および成長ステージ等によっては，専従者を置くことが難しいケースもあります。その場合におい

ては，例えば総務担当者など，他の通常業務を行う社員が，内部監査を兼任することが考えられます。

　しかし，総務担当者が内部監査を兼任すると，総務部門については内部監査担当としての自分が，総務担当である自分を監査するという自己監査になってしまい監督機能が発揮されず適切でありません。そこで，このような場合には，もう1名兼任の内部監査担当者を置き，総務部門についてはそのもう1名が内部監査を行うといういわゆるクロス監査を実施するようにします（**図表22**）。

図表22　専従者を置く場合と専従者がいない場合の内部監査体制

専従者を置く場合の内部監査　　　　　　　　専従者がいない場合のクロス監査

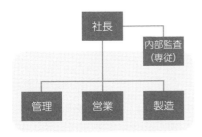
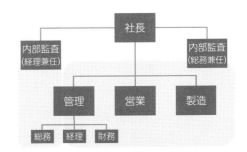

　さらに小規模の会社で，社内のリソースだけでは内部監査業務を行えないようなケースでは，内部監査業務をアウトソーシングすることも選択肢の1つとなります。

　しかし，社外の人だけでは業務を十分に理解することは難しいため，アウトソーシングする場合には，内部監査の重点項目や監査方法をアウトソーサー任せにせず，社長等が内部監査の重要性を認識し重点項目の決定や監査の方法などについて主体的に関与しているかどうかが審査の際にチェックされます。

■内部監査計画と監査の実施方法

　内部監査は以下の要領で行います。

① 監査計画の策定

　内部監査担当者が，年度ごとに監査計画書を作成し，社長の承認を得ます。監査計画書には，日程，監査の対象となる部門，重点項目，監査の手続（監査の方法），報告書の提出時期などを記載します。

　監査対象は社内のすべての部門の業務全般です。ただ，リソースは限られているので，年度ごとに重点部門をローテーションさせたり，前期の内部監査で指摘した事項，監査役や監査法人による指摘事項，取締役会で議論されている事項などを踏まえ，重点監査項目を絞り込みます。

② 内部監査の実施

　監査計画書に基づいて内部監査を実施します。

　システムや証票など書類をサンプリングして調査する方法と，社内の部門担当者にヒアリングする方法とを組み合わせて調査します。

　内部監査担当者は，監査ごとに監査調書を作成し保管します（**図表23**）。

③ 社長への報告

　内部監査報告書を作成して，社長に報告します。報告書には，監査の結果だけでなく，内部監査担当者としての意見，指摘事項，改善案などをあわせて記載します（**図表24**）。

④ 改善勧告

　監査の結果，問題点が発見された場合には，社長から問題のあった部門に対して改善指示書を発信します（**図表25**）。

⑤ 改善状況の確認

　改善指示書が出た場合には，指示を受けた部門は改善計画を作成し，改善状況については改善状況報告書によって社長に報告します。内部監査部門は，その改善状況報告書のとおり本当に改善されているかを実際に確認します。

図表23　内部監査調書（例）

監査調書

監査対象	営業部門（営業部）
日時	○○年○○月○○日（○）
応対者	○○部長 ○○課長 各業務担者
担当者	内部監査室○○
監査結果	契約締結の稟議決裁フローの遵守に一部不備があると認められる
監査項目及び状況	1. 各種法令等の遵守状況について 社内規程に基づく業務遂行がなされていることを確認した。 2. 新サービスの販売促進について 新規および既存顧客へのサービス説明において，差別化戦略の一環としての新サービスの販売促進マニュアルに準拠した販売活動が実施されていることを確認した。 3. 顧客サービスの状況について 既存顧客への定期訪問および訪問記録の管理が徹底されていることを確認した。 4. 主要な取引プロセスにおける重要な不備等 （1）契約書の締結について 社内規程に基づく稟議および決裁を待たずに契約書を顧客に交付している事例が2件確認された。 （2）契約書の保管状況について ○月について，締結された契約書は全て文書管理規程に従いフォルダに保管されていることが確認された。

図表24　内部監査報告書（例）

○○年○○月○○日

代表取締役社長 殿

内部監査室　○○○○　印

内部監査報告書

○○年○○月○○日に実施した営業部における内部監査の結果を下記の通りご報告いたします。

監査対象	営業部門（営業部）
監査実施日	○○年○○月○○日（○）
監査担当者	内部監査室○○
監査目的	営業部門の稟議決裁フローの運用状況の評価
監査項目	①新サービスの販売促進状況の確認 ②契約書締結の稟議決裁フローチェック ③契約書の規程に基づく保管状況の確認
監査結果	1. 各種法令等の遵守状況について 社内規程に基づく業務遂行がなされていることを確認した。 2. 新サービスの販売促進について 新規および既存顧客へのサービス説明において，差別化戦略の一環としての新サービスの販売促進マニュアルに準拠した販売活動が実施されていることを確認した。 3. 顧客サービスの状況について 既存顧客への定期訪問および訪問記録の管理が徹底されていることを確認した。 4. 主要な取引プロセスにおける重要な不備等（重点項目） （1）契約書の締結について 社内規程に基づく稟議および決裁を待たずに契約書を顧客に交付している事例が2件確認された。 （2）契約書の保管について ○月について，締結された契約書は全て文書管理規程に従いフォルダに保管されていることが確認された。
添付資料	内部統制構築・運用評価のためのチェックリスト（営業・契約）

社長	内部監査	担当者

図表25　内部監査改善指示書（例）

○○年○○月○○日

営業部　○○部長 殿

代表取締役社長　○○○○　印

内部監査改善指示書

○○年○○月○○日に実施した営業部に対する内部監査の結果，指摘を受けた下記の項目について改善措置を講ずると共に，○○年○○月○○日までに改善状況を報告すること。

監査対象	営業部門（営業部） 監査対象業務：契約締結フロー，契約書管理
監査実施日	○○年○○月○○日（○）
監査担当者	内部監査室○○
監査目的	営業部門の稟議決裁フローの運用状況の評価
監査項目	①新サービスの販売促進状況の確認 ②契約書締結の稟議決裁フローチェック ③契約書の規程に基づく保管状況の確認
指摘事項	契約書の締結について （監査結果） 社内規程に基づく稟議および決裁を待たずに契約書を顧客に交付している事例が2件確認された。 （指摘事項） 事後稟議とならないよう，必ず事前の稟議決裁を行うこと。 担当部長は，週次で契約が事前に稟議決裁を受けているかのチェックをおこない，その結果を記録に残すこと

社長	内部監査	担当者

5 関連当事者取引と経営者が関与する取引の整理

＼最速最短ポイント／

- 関連当事者取引は，過去のものは解消し，将来的には行わないのが原則
- どうしても関連当事者取引を行わなければならない場合には，社内ルールを遵守し，取締役会の承認をとる
- 上場直前に判明し，上場承認が取り消されるケースもあるので要注意

　会社が行う取引には，その取引を行うこと自体に対する合理性（事業上の必要性）と，取引条件の妥当性が求められます。このいずれかを欠く取引は，特定の者への利益供与という疑義を生じさせ，企業経営の健全性の観点から問題です。

　特に，経営者や大株主などとの取引は，それらの者の利益が優先され，会社の利益が不当に損なわれる危険性があるため，その合理性や妥当性が厳しくチェックされる必要があります。

　適正さを欠く関連当事者取引は，審査が通過できなかったり，上場直前に上場承認が取り消されることになったりします。そのため，直前々期以降の関連当事者との取引については厳重なチェックが必要です。

■上場審査の対象となる関連当事者等の範囲

　関連当事者とは，会社を支配しているか，または，財務上および業務上の意思決定に対して重要な影響力を有している者をいい，具体的には**図表26**で示される範囲の者をいいます（財務規則８条17項）。

　また，近親者とは二親等以内の血族をいい，具体的には**図表27**で示される範囲の者をいいます。

図表26　関連当事者の範囲

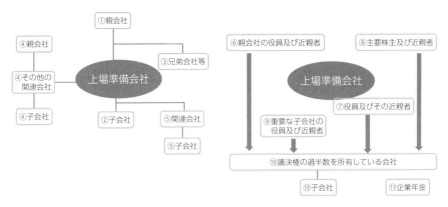

図表27　近親者の範囲

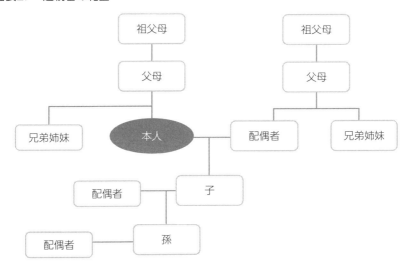

■関連当事者等との取引の有無の確認方法

　以下の手順により，上場準備会社にとって関連当事者等にはどのような会社や人が該当するのかを洗い出し，一覧表を作成する必要があります。

① 役員や個人主要株主に書面で問い合わせをし，回答を得ます

　上場準備会社や子会社，関連会社の役員，個人主要株主に対して，

- 議決権の過半数を所有している会社およびその子会社の有無
- 近親者全員のリストと近親者が支配権を有している会社の有無
- 上記がある場合には，その会社と上場準備会社との取引の有無

を毎年書面にて継続的に確認し，一覧表を作成します。

② 関係会社の株主および役員の一覧表を作成します

100％子会社となっていない子会社と関連会社については，上場準備会社以外の株主の状況，役員の就任状況，役員報酬の支払の有無を一覧にします。

③ 総勘定元帳，各種明細の検索

上記で把握した関連当事者等との取引があるかないかを，元帳に検索をかけることで把握します。また，同様に科目明細や，取引先一覧の中に関連当事者等が含まれていないかも検索します。

■関連当事者取引の解消と牽制

関連当事者取引は，関連当事者へ不当な利益の供与となり会社の利益を害している疑いがかけられます。したがって，上場準備にあたっては，すでにあった関連当事者取引は解消することと，以後は関連当事者等との取引は行わないことが原則となります。

しかし，中には関連当事者取引に該当するものの，取引を継続する必要があるものが残る場合があります。

この場合には，取引の合理性と取引条件の妥当性という2つの観点から，事前に社内ルールに従って取締役会でその妥当性について検討がなされ，承認されていることが必要となります。

① 社内ルールの整備

そこでまず，関連当事者取引を行う際の承認プロセスを社内規程・マニュアルとして整備し，社内の稟議を経て取締役会で承認を受ける手続を設け，運用します。

② 取引の合理性（事業の必要性），取引条件の妥当性の検討

そして，関連当事者取引を行う場合には，取引の合理性（事業上の必要性）がなければなりません。さらに，その取引の条件が妥当であることが必要です。この必要性と妥当性を上記承認ルールの中で判断し，判断の根拠となる資料と

判断理由を残してください。

　さらに，承認されたら終わりではなく，当該取引を監査（監査役監査・内部監査）における確認項目にすることも求められています。

　不適切な関連当事者取引は，上場審査がストップする原因の上位に位置づけられますので，問題となる取引の例を以下紹介します。

取引の合理性（事業の必要性）が認められない具体例
- 社長個人の債務に対して会社が債務保証を行っているケース
- 申請会社の事業計画・営業戦略等に合致しない不動産（例えば，小売業における継続的赤字店舗）を関連当事者等から賃借しているケース
- 関連当事者等から営業（仕入）取引を行っているものの，当該関連当事者等を取引に介在させる合理性（事業上の必要性）が認められないケース
- 関連当事者等と会社との間で多額の金銭貸借を行っているケース
- 期待する役割やその達成状況などを合理的に説明できない関連当事者等を顧問に招聘したり，顧問に支払う対価の合理性を説明できないケース
- 必要以上に豪華なタワーマンションを役員の社宅としているケース
- 高額な年会費のかかるクレジットカードを会社名義で契約し，ポイントが会社のためにつかわれていないケース

取引条件の妥当性が認められない具体例
- 申請会社のビル等の空きスペースを関連当事者等の個人事業に無償貸与していたケース
- 会社資産を関連当事者等に売却をする際，時価と簿価に相当の差異が生じていた（時価が簿価を大幅に上回っていた）にもかかわらず，明らかに割安な簿価で売却したケース
- 取引の開始や更新時等において，相見積りの実施（営業取引の場合）や類似不動産の賃借条件の調査（不動産賃借取引の場合）等，取引条件の妥当性についての確認を十分に行っていないケース

■関連当事者取引の開示

　関連当事者等との取引がある場合には，上場申請書類に記載が必要なほか，一定金額以上の取引については上場後も会社法計算書類「個別注記表」，開示書類の財務諸表の注記として記載し，公表する必要があります。

開示の適正性に問題がある具体例

- 関連当事者等が所有する不動産を賃借しているにもかかわらず，直接の契約相手方を仲介不動産業者としたうえで，開示の隠蔽を図ったケース
- 役員など関連当事者等の個人的な趣味や嗜好に基づき，会社が絵画等の美術品などを多額に購入しているとみなされるケース
- 会社で購入した資産（例：不動産・社用車・船舶・航空機・ゴルフ会員権など）が，専ら特定の役員など関連当事者等の個人的な用途に利用されているとみなされるケース

■経営者が関与する取引の牽制

　経営者が関与する取引（経営者自らが営業して獲得した案件・企画した案件や，例外的に経営者が決裁を行っている案件等）については，一般的に社内からの牽制が効きにくく，不正につながる懸念もあります。したがって，経営者が関与する取引についても上場審査時に確認されることになります。

　具体的には最近2年間および申請期の以下のような取引が審査の対象となります。

- 経営者の個人的な「つて」で取引相手を発掘・交渉し，取引開始に至ったケース
- 経営者自らが特定の出店計画を発案して，当該出店が遂行されているケース
- 与信設定手続や契約締結に係る手続において，通常は事業部長等の決裁であるところ，例外的に経営者自ら決裁を行っているケース
- 与信設定手続や契約締結に係る手続において，決裁者である経営者に稟議が回る以前の段階で反対意見が出され，却下案件となるところ，例外的に経営者に稟議が回り，決裁されているケース
- 通常は取引しない相手先ではあるが，経営者の関与があったために取引開始

に至ったケース

　もちろん，いわゆるトップセールスによって経営者自らが自社の優位性を広め，積極的に営業を行うことは特別なことではないといえます。会社が小規模のうちはなおさらでしょう。

　したがって，経営者が関与する取引が存在すること自体が上場審査のうえで問題視されるわけではありません。

　しかし，例えば，社長が「この条件で契約をする」といい出した場合に，なかなかノーといえないという事態が起きやすい傾向があるのも実情です。そこで，たとえ社内ルールである職務権限規程に基づき経営者に与えられた権限の範囲内であったとしても経営者が関与する取引に対して，組織的に検討が行われ牽制機能が発揮されるような適切な体制を整備しておく必要があるのです。

　具体的には以下のような例が考えられます。

- 経営者が関与する取引の契約締結については，通常の決裁ルートの最終決裁の前段階に監査役による取引条件等の確認フローを入れること
- 社内で決めた一定割合以上の値引き，赤字条件，一定金額以上の契約締結については，権限規程や取締役会規程により取締役会の決議が必要と定めておくこと
- M&A案件については，取締役会規程で一定金額以上の事業の譲り受けについては，取締役会の決議事項とし，また，一定金額以上の投資案件については，法務部と財務部でそれぞれデューデリジェンス（DD）を実施し，経営会議で議論したうえで取締役会に上程する定めをおくこと

■関連当事者取引と特別利害関係者取引

　関連当事者等と似た概念で「特別利害関係者等」というものがあります（正確には，関連当事者等と特別利害関係者等の範囲は微妙な違いがあります）。どちらも経営者や会社と近い者との取引を開示するというルールがあります。

　そして，関連当事者等との取引の開示は，それら取引が財務諸表に与えている影響を財務諸表利用者が把握できるようにすることを目的としているのに対して，特別利害関係者等との取引の開示は株式等の移動によって一部の関係者

が不当な儲けを得ることを牽制することを目的としており，両者の目的は大きく異なります。

　したがって，関連当事者等との取引は，前述のとおり幅広い取引が対象となっているのに対し，特別利害関係者等との取引は株式や新株予約権の取引のみが対象とされています。

　上場申請日の直前事業年度の末日から起算して2年前から上場日の前日までの期間に行った申請会社の株式等の移動については，「新規上場申請のための有価証券報告書（Ⅰの部）」や有価証券届出書（二号の四様式）の「株式公開情報 第1 特別利害関係者等の株式等の移動状況」において価格の算定根拠などを開示することが要求されています。

第6章

法令遵守だけではない
コンプライアンスの全容

1 ハラスメント対策

- ハラスメントは上場間近のタイミングで通報やたれ込みにより問題視されることが多いので，普段から研修などによる教育や窓口の設置が必要
- ハラスメントの境界線は一義的に決められるわけでなく，「社員のやる気をなくす行為がハラスメント」と考え，会社ごとに基準を決める
- ハラスメントは行為者が自覚なく行っているケースがほとんどなので，ハラスメントの行為者にははっきり警告する必要がある

　セクハラやパワハラに代表されるハラスメント対策は，いまや上場審査の定番項目となっています。

　ハラスメントは許されることではないので，社員にハラスメントに関する研修を実施したり，ハラスメント対応窓口を設置するなどの対応が必要です。ただし，ハラスメントは上場が間近に迫ったり，上場承認がおりた後にたれ込みや通報があり，結果として上場が延期になったり，上場承認が取り消されたりという形で問題になることが少なくありません。

　そうならないためには，普段から特に管理職以上の社員に対するハラスメントに対する意識の啓蒙と，ハラスメントは許さない，見逃さないという社内の雰囲気を作っておくことが大切です。

■ハラスメントが起きる原因

① ハラスメントへの認識不足

　ハラスメントの内容は時代の変化に伴い変化しています。いわゆる「昭和の時代」にはハラスメントとして問題になっていなかったことも，今の時代ではハラスメント問題と考えられているものが多々あります。ベテランの社員ほど，

そのような時代の変化に伴うハラスメントへの認識が不足しているケースが見受けられます。

② 予算達成へのプレッシャー

　会社が上場準備に入ると売上や利益の予算を達成しなければならないというプレッシャーが大きくなります。

　チャレンジングな予算が設定されることも多く，部下にノルマ達成を強要するといった形でパワハラ問題が表面化するというパターンは，上場準備中の会社特有の問題といえます。

　このようなパワハラは，会社や仕事が好きで，経営陣が立てた予算に対しても忠実に達成したいと考える，会社にとっては「熱意のあるいい上司」が起こしがちなので，注意が必要です。

■セクハラの境界線

　セクハラは，男女雇用機会均等法に定義されており「職場において行われる性的な言動に対するその雇用する労働者の対応により当該労働者がその労働条件につき不利益を受け，又は当該性的な言動により当該労働者の就業環境が害されること」をいいます。

① 対価型セクハラ

　性的な言動に対して，労働者が何らかの反応をしたのに対し，不利益な労働条件を押しつけられるのが対価型セクハラです。

　典型的には，「男性が女性の体に触る」「交際相手の有無や生理の有無を聞く」「つきまとう」などをして，相手が行為者と距離を取ったり抗議をすると，転勤や退職などの不利益を押しつけられるといった事例があります。

　対価型のセクハラは，誰の目に見ても問題は明らかで，社内で見逃されると，従業員は会社に対する信頼を失い，セクハラの行為者もおとがめがないことをいいことに行為を繰り返すことになり，モラルは低下する一方です。このようなセクハラは絶対見逃してはならず，社内規程に従った処罰（懲戒）を行わなければなりません。

② 環境型セクハラ

　性的な言動が行われて，その結果労働者の労働環境が害されるのが環境型セ

クハラです。労働環境が害されるというのは，要するに「働きづらい職場になる」という意味です。

　この環境型セクハラは，意図的なものと無意識的なものに分けられます。

　意図的なセクハラは，相手に対して持つ悪感情が昂じて，相手を辱めてやろう，貶めてやろう，からかってやろう，バカにしてやろうといった「加害の意図」に基づいて，性的な話題（異性交遊，体型，年齢，容姿等）で嫌がらせをいう言動です。性的な話題で誹謗中傷している点が特徴で，対価型セクハラと同様に自分の行為が間違っていないという確信犯的な考えの人が多いのが特徴で，「このような行為をすると，必ず訴えられて，必ず負ける」という事例を社内外で広報し，情報の周知と共有による心のブレーキを働かせる必要があります。

　難しいのは無意識のセクハラで，行為者にはセクハラする意図も認識も全くなく，その言動もあってはならない言動だと断定はできないけれども，相手が何らかの理由でセクハラだと感じて反応する行為者の言動がこれに当たります。性的関係を迫る行動などがない，不利益な労働条件を課すという要素もない，行為者に加害の意図もないというのが特徴で，行為者の言動にセクハラだと結論づける客観的な理由が見当たらないケースが多いです。

　「ちゃん付け」「女の子呼ばわり，おばさん呼ばわり」「ボディタッチ」「下ネタ」「就業時間後の飲食への誘い」「カラオケでのデュエットの要求」「宴席でのお酌の要求」「身体的特徴，年齢等の冷やかし」などが典型例です。

　在職中の労働者だけでなく就職活動中の学生に対して個人的な連絡をとる採用担当者によるセクハラは社会問題にもなっており注意が必要です。

■パワハラの境界線

　パワハラは，労働施策総合推進法に定義されており「職場における優越的な関係を背景とした言動であって，業務上必要かつ相当な範囲を超えたものによりその雇用する労働者の就業環境が害されること」をいいます。

　パワハラは典型的には以下の6つの類型に分類されます。

① 暴行などの「身体的な攻撃」
• 飲食店で店長が，客の目の届かない厨房でスタッフの胸ぐらをつかみ，頭を

小突きながら叱責した

- 営業部の上司が，結果のでない部下を指導するため面談しているとき，カッとなってもっていたボールペンを顔付近に投げつけた
- 経理部の上司が，部下を注意する際，部下の座っているいすを激しく蹴り，机に物を強くたたきつけた

② 暴言などの「精神的な攻撃」

- 気が合わない部下に対して「給料泥棒」「会社の金をどぶに捨てているようなものだ」「変な病気なんじゃないか」などの言葉を毎日のようにいい続けた

③ 無視などの「人間関係からの切り離し」

- 部内で気の合わない部下と会話や挨拶をしないよう，他の部員に伝え，仕事上必要な情報も，故意にその部下にだけ知らせないようにした

④ 実行不可能な仕事の強制などの「過大な要求」

- 評価面談において，およそ実行できないような高すぎる目標をいい出すよう部下を誘導し，それを紙に書かせたうえ，その後達成できていないことを理由にプレッシャーをかけ続けた
- 1日100件の飛び込み営業訪問ノルマを課した

⑤ 能力とかけ離れた難易度の低い仕事を命じるなどの「過小な要求」

- 部下の失敗を機に，倉庫の一角に机を置いて毎日そこに座らせたうえ，倉庫裏の草むしりをさせた

⑥ 私的な事に過度に立ち入る「個の侵害」

- 休憩時間中に部下にたばこや弁当を買いに行かせたり，休日に自分の引っ越しの手伝いをさせた

■業務の適正な範囲内の行為はパワハラではない

　最近ではハラスメントという言葉が一人歩きして部下に指示を出すことも萎縮してしまう上司がいますが，「業務の適正な範囲」に含まれる事柄を強制するのは適法な業務命令であり，パワハラではありません。

　「明日は朝から会議に出てね」など業務を強制したとしても，それが必要な業務である以上はパワハラになるわけではないのです。

　また，相手がどう感じるかを重視するセクハラとは違い，相手がパワハラと感じるかどうかでパワハラの成否が決まるわけではありません。指示，注意，指導などは，たとえ相手が不満を感じたとしても業務の適正な範囲内であればパワハラに当たるわけではありません。

■ハラスメントの境界線は会社ごとに違ってよい

　ハラスメントの研修を担当させていただくと，「このような行為はハラスメントに該当しますか？」と質問に来られる方がよくいらっしゃいます。

　しかし，ハラスメントの該当性についてはすべての会社に共通して一義的に決まるものではなく，会社の伝統や社風，行為者の思惑や意図，行為者と相手方との普段の関係などによってそれぞれの会社ごとに決めるべきものです。

　例えば，「家族の写真を職場のデスクに飾る」という行為を，結婚したくてもできない社員もいるのだからセクハラだと考える会社もあれば，家族を大切にすることは仕事をしていくうえでも大切だという社風の会社もあるわけです。

　そもそも，ハラスメントが許されないのは労働者の就業環境が害されるから，すなわち社員のモチベーションが下がるからです。社員のモチベーションを下げず，生産性を上げるためには，何が許される行為であり，何が許されない行為なのかといった観点から，各社のハラスメント該当性を決めてください。

■ハラスメントに当たるかどうかをあいまいにしない

　セクハラもパワハラも，ハラスメントの行為者にはその自覚がないことがほとんどです。ですからハラスメント行為があった場合には行為者に「あなたの行為はハラスメントです」ということを明確に伝えなければなりません。

　例えば，上司が仕事ができる女性の部下に，セクハラの意図はまったくなく「君みたいに仕事ができる社員は男だったらよかったのに」と発言し，部下は上司の発言に悪意がないことは知りつつも，発言としてはハラスメントに当たると考え，ハラスメント窓口に相談したとしましょう。

　このときにマズいのは，上司に対しては「あなたにセクハラの意図がないのはわかっているけど，誤解する人もいるから以後気をつけて欲しい」とたしなめ，部下に対しては「あの上司も悪気はないし，よくいって聞かせておくから

大目に見てよ」などといってしまうことです。

　こうしてしまうと，上司は結局悪いことをしたと自覚しておらずまた同じことを繰り返します。そして部下は勇気を持って申し出たのに会社は対処してくれなかったと失望するのです。

　このような場合には，上司に対しては「あなたの行為はセクハラに当たるので，今度同じことがあった場合には処分をします」と注意をし，部下に対しても申告してもらったことを感謝し，セクハラに該当する行為だったので厳重に注意したことを伝えるべきなのです。

2 反社会的勢力との関係排除

　上場審査の過程では，上場準備会社やその役員等が暴力団等の反社会的勢力と関係がないかについて厳しいチェックを受けます。

　反社会的勢力と関係がないだけではなく，反社会的勢力と関係がないことを確認するしくみがあること，そして定期的に反社会的勢力と関係がないかをチェックすることまで求められています。

■反社会的勢力との関与がないことを確認すべき範囲

　上場申請をする際には，東証あてに「反社会的勢力との関係がないことを示す確認書」を提出します。

• 確認書のフォーマット

https://www.jpx.co.jp/equities/products/reits/listing/tvdivq0000006kgw-att/08.doc

　そこで，会社が上場準備に入った場合には，なるべく早い段階で

① 　上場準備会社の役員，役員に準ずる者（執行役員，相談役，顧問）

② 　重要な子会社の役員

③ 　大株主上位50名（新株予約権の行使により上位になる可能性のある者を含む）

④ 　上場準備会社の仕入れ先および販売先（直前事業年度の上位10社）

について，反社会的勢力との関わりがないことを確認してください。

■反社会的勢力との関与がないことの確認方法

　反社会的勢力との関与がないことを確認する方法としては，次のようなことが考えられます。

① 役員や従業員に対して誓約書を徴求する

　現在在籍する役員，従業員全員から誓約書を徴求し，以後入社する社員からも同様に誓約書を徴求します。

② 商業登記事項の調査確認

　社名，住所，役員の変更などに不審な点がないかを確認します。

③ 風評（口コミ），インターネット検索

　まずは，会社名や個人名を検索し，反社会的勢力と関連することを疑わせるような記載がないかを確認します。また，次のようなキーワードとあわせて検索をします。

［検索キーワードの例］

　行政指導／行政処分／送検／捜査／逮捕／インサイダー／架空／脱税／申告漏れ／罰金／暴力団／ヤクザ／容疑／反社／事件／違法／違反／疑い／偽装／告訴／スキャンダル／罪／不正／ブラック／釈放／摘発／指名手配／殺人／傷害／詐欺／窃盗／収賄／横領／着服

④ 記事検索サービスによる検索

　一例として日経テレコンがコンプライアンスチェックに特化した過去記事検索をかけることができるサービスを提供しています。

⑤ 信用調査会社への調査依頼

　ネット検索により疑いがあると判断した場合に，より正確性の高い情報を得るために信用調査会社に調査依頼をします。

⑥ 担当者による面談や実地調査

　実際に取引先の企業に直接赴いて現地調査を行ったり，取引先の担当者に話を聞いたりします。

⑦ 警視庁組織犯罪対策第三課，警察署組織犯罪対策課・暴力団対策係との連携

　確認を求める契約相手の住所，氏名，生年月日，契約相手が暴力団関係者の

疑いがあると判断した理由などを添えて警察に問い合わせをします。

⑧　暴力追放運動推進センターとの連携

　法律により国家公安委員会が指定した組織で，暴力団員と対峙しなければいけないときの対応法などの相談をすることもできます。

　なお，これらの確認は1度だけ行えば良いということではありません。新規取引の開始時や，新役員が就任したときはもちろんのこと，原則年1回は定期チェックを行い，チェックを行ったことを後に検証できるよう記録を残しておくことまで求められます。

■反社会的勢力との関与がないことの確認をしくみ化する体制の整備

　上場準備会社は，前項の確認を行えば良いわけではなく，反社会的勢力との関与を排除する体制を構築する必要があります。

　この体制については，「企業が反社会的勢力による被害を防止するための指針」（2007年6月19日犯罪対策閣僚会議幹事会申し合わせ）が参考になります。

　具体的には，

①　経営トップが，反社会的勢力排除の基本方針を社内外に宣言する

②　会社法上の内部統制システム整備事項として整備し取締役会で決定し運用する

③　反社会的勢力対応部署を設置し，反社会的勢力に関する情報を一元的に管理・蓄積（漏洩防止対策）し，反社会的勢力との関係を遮断するための取組みを支援する体制・フローを整備する

④　反社会的勢力対応責任者・担当者を定期的に交代させる

⑤　反社会的勢力排除に関する社内規程の整備・運用をする（要点は**図表28**のとおり）

⑥　反社会的勢力対応マニュアルの制定・運用をする

⑦　反社会的勢力排除のための業務フロー（新規取引開始時・定期的チェック）を制定する

⑧　役員・従業員・株主等の就任・採用・取得時における契約書・誓約書を徴求する

⑨　契約書・取引約款等に暴力団排除条項を設け，有効性をチェックしておく
⑩　反社会的勢力排除のための社内研修を実施する
などがあげられます。

図表28　反社会的勢力排除に関する社内規程整備の要点

項　目	要　点
会社機関に関する規程	各部門の業務内容，審議事項，報告事項，担当役員等が反社会的勢力を排除する体制になるよう規定する
職務分掌，職務権限に関する規程	反社会的勢力の排除への対応を促進する担当部署を明確にする
コンプライアンスに関する規程	反社会的勢力の排除のための対策を定め，行動を義務化する
リスク管理に関する規程	反社会的勢力との関係をリスクとして認識し，評価する体制にする
経理や資産管理に関する規程	反社会的勢力との取引がまぎれこまないような体制にする
就業規則その他人事に関する規程	反社会的勢力との関係を遮断する人事考課を行い，反社会的勢力と関係した者を懲戒解雇処分とし，対策を実行した者を表彰の対象にする
契約，取引に関する規程	反社会的勢力と取引しない体制をとる。契約書に反社会的勢力排除条項を挿入することを義務化する
情報管理に関する規程	反社会的勢力に関する情報が適切に管理される体制にする

■暴力団排除条項を必須とする

　契約を締結する際に，必ず「反社会的勢力の排除」についての条項（反社条項）を定めるようにします。実務的にはかなり負担は大きいですが，これから取引を始めようとする取引先だけでなく，既存の取引先との契約書にも暴力団排除条項を導入する必要があります。

　この条項を契約書に入れることで，契約の相手方が反社会的勢力と関係がないことを約束（表明確約・保証）させるだけでなく，反社会的勢力であることが判明した場合には無催告で解除をすることができるようにします。**図表29**に条項の例を示します。

146

図表29　暴力団排除条項（例）

> （反社会的勢力の排除）
> 1　本契約の当事者は，自社，自社の株主・役員その他自社を実質的に所有し，若しく
> 　は支配するものが，現在，暴力団，暴力団員，暴力団員でなくなった時から5年を経
> 　過しない者，暴力団準構成員，暴力団関係企業，総会屋等，社会運動等標ぼうゴロ又
> 　は特殊知能暴力集団等，その他これらに準ずる者（以下これらを「暴力団員等」とい
> 　う。）に該当しないこと，及び次の各号のいずれにも該当しないことを表明し，かつ
> 　将来にわたっても該当しないことを確約する。
> 　⑴　暴力団員等が経営を支配していると認められる関係を有すること
> 　⑵　暴力団員等が経営に実質的に関与していると認められる関係を有すること
> 　⑶　自己，自社若しくは第三者の不正の利益を図る目的又は第三者に損害を加える目
> 　　的をもってする等，不当に暴力団員等を利用していると認められる関係を有するこ
> 　　と
> 　⑷　暴力団員等に対して資金等を提供し，又は便宜を供与する等の関与をしていると
> 　　認められる関係を有すること
> 　⑸　役員又は経営に実質的に関与している者が暴力団員等と社会的に非難されるべき
> 　　関係を有すること
> 2　本契約の当事者は，暴力団員等と取引関係を有してはならず，事後的に，暴力団員
> 　等との取引関係が判明した場合には，これを相当期間内に解消できるよう必要な措置
> 　を講じる。
> 3　本契約の当事者は，相手方が本条の表明又は確約に違反した場合，何らの通知又は
> 　催告をすることなく直ちに本契約の全部又は一部について，履行を停止し，又は解除
> 　することができる。この場合において，表明又は確約に違反した当事者は，相手方の
> 　履行停止又は解除によって被った損害の賠償を請求することはできない。
> 4　本契約の当事者は，相手方が本条の表明又は確約に違反した場合，これによって
> 　被った一切の損害の賠償を請求することができる。

■**反社会的勢力だけでなく反市場的勢力や特定業種が上場できない理由**

　上場審査において，上場準備会社や役員と反社会的勢力の関係性が認められ
た場合，上場が認められることはありません。また，上場審査が通らなかった
理由を東証や証券会社は明確に上場準備会社に伝えないことが多いため，スッ
キリしないまま上場を断念するという事態になりかねません。

　また，反社会的勢力との関係があった場合には，それを解消すれば上場を認
めてもらえるというものではなく，時効もないので，実際には半永久的に上場
はかなわないというのが実情です。

　このような上場審査基準は理不尽ではないかと思われるかも知れませんが，

上場の審査というのは，法律等に審査基準が定められているわけではなく，任意審査であることを知っておく必要があります。

　東証は「こういう会社は上場させませんよ」という要件を出していますが，「この条件をクリアすれば必ず上場させますよ」ということはいっていないわけです。

　なぜなら，東証は公的機関ではなく営利を目的とする株式会社であって，自社の取引所にどの企業を上場させるかの基準を作ったり審査をする裁量があるからです。

　東証にとって一番困るのは，上場後にその会社が問題となったり，評判が悪くなることなのです。それなので，上場させた後に批判が上がるような可能性がある企業は，あらかじめ何らかの理由をつけて上場を認めないようにするのです。

　主幹事証券会社も同様です。主幹事証券会社は，「この会社は上場に適しています」ということを東証に推薦するわけですから，上場後に批判を浴びる可能性のある会社は推薦しません。

　反社会的勢力との関係がある会社だけでなく，過去に株式売買で事件を起こしたり，架空の増資，株価の操縦，インサイダー取引の疑惑があるなど株式市場の健全性を害するような者は「反市場的勢力」と呼ばれ，反社会的勢力と同様に問題視されます。

　そのほか，LGBTや青少年への配慮などの人権に触れるような業種やアダルト，パチンコ，風俗，過激なコンテンツを扱う業種が上場を認められにくいのも，上場審査が任意審査であることから考えると説明がつきます。

3 景品表示法による 広告コンプライアンス

＼ 最速最短ポイント ／

- 消費者に誤解を与える不当表示のある広告は景品表示法により禁止されている
- 不当な広告が判明した場合には，上場は大幅に遅れ，会社名を変えるくらいの手を打たなければリカバリーはできない
- 広告を出稿する際は，専門知識のある者のチェックを必ず入れる

　景品表示法は，主に不当な広告を規制する法律です。

　不当な広告を行うことにより消費者庁から調査を受けたり，勧告や行政処分を受けた場合には，当然ながら上場審査がストップしてしまいます。一度処分を受けてしまうと，その後出稿する広告を改めても，そのまま上場するのは難しく，会社名（商号）を変えて再出発しているケースも多数見受けられます。

　広告規制は，①優良誤認表示，②有利誤認表示，③その他誤認される表示に分けることができます。

■優良誤認表示

　商品やサービスの品質・規格などの内容について，実際のものや事実に相違して競争事業者のものより著しく優良であると一般消費者に誤認される表示をいいます。

　例えば，

- 食肉の販売業者が，実際には大部分がＡ４ランクやＡ５ランク以外の格付けがなされた牛肉について，カタログやWebサイトにおいて「ランクＡ４以上の高級黒毛和牛焼肉セット」「国内産のＡ４・５の黒毛和牛のみを使用しま

した」等と記載した

- 中古車販売業者が，実際の走行距離が11万kmを超える中古自動車について，Webサイトに走行距離を「6.3万km」と記載した
- 住宅用太陽光発電システムの販売業者が，チラシやWebサイトに「太陽光発電でこんなに違う！！　合わせてなんと！　月々27,222円もお得！」と記載していたが，実際には安定的に毎月得ることができる利益は27,222円を大きく下回るものであった
- 専門学校がパンフレットや新聞広告において，就職率を「99.2％」等と記載することにより，あたかも，受講者の受講した専門分野への就職率が記載された数値であるかのように示す表示をしていたが，受講者の受講した専門分野への実際の就職率は52.8％であるなど，記載された数値を下回るものであった

などがこれに当たります。

■有利誤認表示

　商品やサービスの価格などの取引条件について，実際のものや事実に相違して競争事業者のものより著しく有利であると一般消費者に誤認される表示をいいます。

　例えば，

- 不動産会社が，「分譲宅地価格／１平方メートル100,000円～120,000円～特選地」と表示しているが，実際には，当該宅地の価格は１平方メートル当たり約148,000円ないし約185,000円である場合
- 電器店が，「新バージョンソフト　特別価格 5,000円」と表示しているが，実際には，当該価格は同ソフトの旧バージョンを所有する者だけに適用される特別価格である場合
- 電気通信事業者が，「国際ダイヤル通話サービス　アメリカまで１分 60円」と表示しているが，実際には，この価格は特定の割引プランに加入し，かつ，１か月当たり一定金額以上の使用実績がある利用者が，深夜・早朝時間帯に３分間通話したときに適用される１分間当たりの料金である場合

などがこれに当たります。

また，以下のような実態のない二重価格表示も有利誤認表示となります。

- スーパーが，「＊印は当店通常価格 マーガリン＊498円→258円」と表示しているが，実際には，同一の商品について，通常338円で販売している場合
- 衣料品店が，「婦人カシミヤセーター 当店通常価格12,000円を9,500円」と表示しているが，実際には，当該商品と同一の商品について，過去の販売期間（8週間）のうち，当該価格で販売されていた期間は当初2週間だけであり，その後の6週間はこれより低い価格で販売されていた場合
- 電器店が，「全自動洗濯機 メーカー希望小売価格 75,000円の品 58,000円」と表示しているが，実際には，当該商品と同一の商品について，メーカーであるB電機が設定した希望小売価格は67,000円である場合

■その他の誤認されるおそれのある表示

　優良誤認表示および有利誤認表示以外にも，自己の供給する商品またはサービスの取引について，商品またはサービスの取引に関する事項について一般消費者に誤認されるおそれがある表示を行ってはならないとされており，以下の7つについて，告示により表示方法の規制が定められています（https://www.caa.go.jp/policies/policy/representation/fair_labeling/public_notice）。

- 無果汁の清涼飲料水等についての表示
- 商品の原産国に関する不当な表示
- 消費者信用の融資費用に関する不当な表示
- 不動産のおとり広告に関する表示
- おとり広告に関する表示
- 有料老人ホームに関する不当な表示
- 一般消費者が事業者の表示であることを判別することが困難である表示

■不実証広告規制

　商品・サービスの効果や性能に優良誤認表示の疑いがある場合，表示の裏づけとなる合理的な根拠を示す資料を提出するよう消費者庁から求められることがあります。

　この場合，原則として15日以内に資料を提出しなければ，不当表示とみなさ

れてしまいます。また，表示の内容が，試験や調査によって得られた結果や専門家や専門機関の見解や学術文献により客観的に実証されていることなどの合理的な根拠がなければ，やはり不当表示とされてしまいます。

これまでにも，

- 99％の紫外線をカットすると表示する紫外線遮断素材を使用した衣料について，事業者から，当該化学繊維の紫外線遮断効果についての学術文献が提出されたが，学術文献は，紫外線遮断素材が紫外線を50％遮断することを確認したものにすぎず，紫外線を99％遮断することまで実証するものではなかった事例

- 「食べるだけで1か月に5kg痩せます」との見出しに加え，「○○大学△△医学博士の試験で効果は実証済み」との専門家による評価があることを表示した広告について，事業者から，美容痩身に関する専門家の見解が提出されたが，専門家の見解は，その食品に含まれる主成分の含有量，一般的な摂取方法および適度の運動によって脂肪燃焼を促進する効果が期待できることについて確認したものにすぎず，食べるだけで1か月に5kgの減量効果が得られることを実証するものではなかった事例

などで，処分がされた例があります。

■専門家によるチェックのフローを作る

上場準備期間は，売上のプレッシャーも大きく，広告の表現も少し過激になりがちな傾向があります。不当表示のある広告は上場審査の致命傷になってしまいます。広告を出稿する際は，景品表示法について十分な知識のある社員，または弁護士によるチェックを必ずフローに加えるようにしてください。

4　誤解の多い下請法による規制

\ 最速最短ポイント /

• 下請法で規制される取引は法律で限定されており，建設工事は対象外
• 親事業者には書面交付義務や受領後60日以内の支払などの義務事項と禁止行為があり，上場準備会社の取引が抵触していないかを常にチェックするしくみを構築する必要がある

　下請法というのは，規模の大きい親事業者が，規模の小さい下請事業者に対して，不利な取引条件を押しつけることを禁止する法律です。

　「下請」という言葉からすると建設工事などを思い浮かべることが多いかも知れませんが，建設工事は下請法での規制の対象外（別に建設業法による規制があります）で，主に製造業を想定して作られた法律です。

　また，大きな会社と小さな会社の間のすべての取引が規制の対象となると誤解されることがありますが，下請法で規制される取引は限定されていますので，上場により資本金が大きくなることが多い上場準備会社は，下請法を正確に理解する必要があります。

■規制対象となる取引

　下請法の適用対象となる取引は，「製造委託」「修理委託」「情報成果物作成委託」「役務提供委託」の4種類の委託取引です。

① 製造委託

　物品を販売し，または物品の製造を請け負っている事業者が，規格，品質，形状，デザインなどを指定して，他の事業者に物品の製造や加工などを委託することをいいます。ここでいう「物品」は動産のことを意味しており，家屋などの不動産は対象に含まれません。

② 修理委託

　物品の修理を請け負っている事業者が，その修理を他の事業者に委託したり，自社で使用する物品を自社で修理している場合に，その修理の一部を他の事業者に委託することなどをいいます。

③ 情報成果物作成委託

　ソフトウェア，映像コンテンツ，各種デザインなどの情報成果物の提供や作成を行う事業者が，他の事業者にその作成作業を委託することをいいます。情報成果物の代表的な例としては，「プログラム」や「映像や音声，音楽」「文字，図形，記号」から構成されるものがあります。

④ 役務提供委託

　他者から運送やビルメンテナンスなどの各種サービス（役務）の提供を請け負った事業者が，請け負った役務の提供を他の事業者に委託することをいいます。

■規制対象となる事業者の規模

　下請法の規制対象となる事業者は，資本金規模によることとされており，取引類型によってその基準が異なります（図表30）。

図表30　親事業者と下請事業者の定義

物品の製造委託・修理委託
情報成果物作成委託・役務提供委託
＊プログラム作成，運送，物品の倉庫における保管及び情報処理に係るもの

親事業者	下請事業者
資本金 3 億円超	資本金 3 億円以下
資本金1,000万円超 3 億円以下	資本金1,000万円以下

＊個人を含む

情報成果物作成委託・役務提供委託
＊プログラム作成，運送，物品の倉庫における保管及び情報処理に係るものを除く

親事業者	下請事業者
資本金5,000万円超	資本金5,000万円以下
資本金1,000万円超5,000万円以下	資本金1,000万円以下

＊個人を含む

■親事業者になった場合に課せられる義務

親事業者には，下請事業者の利益保護のために次の4つの義務が課せられます。特に支払サイトが60日以内になっているかについては，自社の契約書ひな型を確認するとともに，新たに契約した場合に下請法に抵触していないかを都度チェックできるフローを構築しておく必要があります。

① 発注書面を交付する義務

下請法の中心となる義務です。わが国では，契約内容を明確に書面化せずに口頭で発注することも多く，トラブルになった場合に，結局立場の弱い下請事業者に不利益が押し付けられることが少なくありませんでした。

このような事態を避けるために，発注内容を明確に記載した書面を交付しなければなりません。

② 取引に関する書類の作成・保存義務

親事業者は，下請取引が完了した場合，先の発注書面に記載された事項のほか，給付内容，下請代金の額などが書かれた取引に関する記録を作成し，2年間保存しなければなりません。

③ 支払期日を定める義務

親事業者は，物品やサービスの受領日から起算して60日以内の，できる限り短い期間で，支払期日を定めなければなりません。

④ 遅延利息の支払義務

親事業者は，受領日から60日以内に支払をしなかった場合，60日を経過した日から，支払をする日までの日数に応じて，年率14.6％の遅延損害金を支払わなければなりません。

■親事業者の禁止行為

親事業者には以下の11項目の禁止事項が定められており，たとえ下請事業者の了解を得ていたとしてもこれらに抵触すると法律違反になります。

① 受領拒否

下請事業者に責任がないのに，発注した物品等の受領を拒否することです。発注の取消し，納期の延期などで納品物を受け取らない場合も受領拒否になります。

② 下請代金の支払遅延

　納品受領日から60日以内で定められた支払期日を守らないことです。検査や検収に日数がかかる場合でも受領後60日以内に支払わなければなりません。

③ 下請代金の減額

　発注時に決定した代金を発注後に減額することです。協賛金の徴収や原材料価格の下落など名目にかかわらず禁止されます。

④ 返品

　発注した物品等を受領後に返品することです。不良品の場合には受領後6か月以内に限って返品することが認められます。

⑤ 買いたたき

　発注する物品・役務に通常支払われる対価に比べ著しく低い代金を不当に定めることです。

⑥ 購入・利用の強制

　親事業者が指定する物，役務を強制して購入，利用させることです。

⑦ 報復措置

　親事業者の違反行為を通報したことを理由に取引数量の削減や取引停止をすることです。

⑧ 有償支給原材料等の対価の早期弁済

　親事業者が有償支給する原材料の対価を下請代金の支払日より早く支払わせることです。

⑨ 割引困難な手形の交付

　120日を超えるような長いサイトの手形が一例です。

⑩ 不当な経済上の利益の提供要請

　協賛金や従業員の派遣の要請などがこれにあたります。

⑪ 不当な給付内容の変更，やり直し

　親事業者の都合による変更ややり直しを下請事業者の負担でさせることです。

5　契約書の整備と保管

＼最速最短ポイント／

- 会社の取引のすべてについて契約書を締結し，保管する
- 契約内容は法令に違反していないことはもちろん，自社にとって不合理に不利な条項がないかをチェックして締結しなければならない
- 個人情報の流出だけでなく，営業秘密の漏洩に対しても対策を講じる
- 「個人情報取扱規程」「秘密情報管理規程」といったルールを作るとともに社員研修などで周知を図り，内部監査やアクセスログにより監督する

　会社は事業活動の過程で多種多様な契約を締結しますが，上場審査では，それら契約の中に，事業の継続を阻害する要因がないか，会社に重大な不利益をもたらす要因がないかなどが厳しくチェックされます。

　また，情報管理が適切になされているかも審査対象です。例えば，自社の営業秘密が他社へ持ち出されれば，自社商品は競争優位性を失い，事業活動に重大な影響を及ぼします。逆に，他社の秘密情報が自社に不正に持ち込まれていたような場合には，被害企業から莫大な損害賠償請求をされたり，会社の刑事責任を問われたりと，会社の社会的信用を大きく損ねてしまいます。

　そのため，上場準備会社においては，重要な契約が適切に締結されているか，会社の情報管理が行き届いているかチェックする必要があります。

■審査の対象となりやすい契約

　上場審査では，上場準備会社の締結している契約が契約書として書類化されていることを前提に，①事業の継続性を確保できるような契約になっているか，②不当な義務を負う契約でないか，③違法な内容の契約でないかなどの観点から審査されます。

　審査の対象となる契約は，原則として上場準備会社が締結している一切の契約となります。しかし，会社が事業活動の過程で締結する契約は，通常膨大な数になります。上場準備会社において，これら一切の契約を何ら限定なく検討することは，非効率であるばかりか非現実的です。そのため，実際には，重要な契約に限定して検討することになります。

　当該契約が重要な契約であるかは，一般的には，

① 　量的基準（当該契約の相手方との取引金額や，当該金額が上場準備会社の取引金額全体に占める割合等）

と，

② 　質的基準（当該契約が終了した場合の代替する取引先の確保の容易性等）

で判断します。類型的には，自社雛形，事業内容に直結する契約（仕入契約，販売契約など），取引額の大きい契約，ライセンス契約などは，重要な契約であるといえます。

■契約書チェックのポイント

　1つの契約書にはさまざまな条項があります。契約書を効率的に検討するためには，重要な条項にある程度絞って検討を行うことが大切です。ここでは，さまざまな契約書に共通して見られる条項で，特に重要度の高いものをご紹介します。

① 　主要な権利義務

　主要な権利義務とは，例えば請負契約の請負人にとっては，仕事を完成させる義務と注文者に請負代金を請求する権利になります。業界の相場や通常の取引慣行に照らして，過大な義務や負担を負っていないか，適切な時期に，適切な条件で，相当な代金を請求できるようになっているかなどを確認します。

② 　適切な救済措置

　相手方に債務不履行があったとき，催促をしても改善されない場合は，契約不適合責任の追及や損害賠償請求，または契約解除を行うことになります。しかし，これらの責任追及を行いたくても，責任の範囲，故意過失の程度，責任追及の期間，金額などに不利な条件や上限が設けられ，適切に救済を図れないということがあります。このように，債務不履行が起きているにもかかわらず，

相手方の責任が事実上免責されるようになっていないか確認する必要があります。

③　契約期間・更新条項

契約期間がいつまでなのか，または期間満了後に適切に契約更新されているか，契約更新のオプションがあるかを確認します。実務上は，契約期間がとっくに満了して，適切な更新手続も取られていないのに，事実上取引が継続しているということがしばしば見られます。しかし，これではいつまで取引が続けられるのか不明で，取引が不安定な状態に置かれているといえます。重要な契約であればあるほど，いつまで取引を継続できるのか確認しておくことが大切です。

④　中途解約

契約が有効期間中にもかかわらず，相手方から一方的に契約を解約できるようになっていないか確認します。実務上よく見られるのは，1か月前の予告により，他方当事者の一方的な意思表示のみで解約できるというような条項です。このような相手方からの一方的な解約は，見込んでいた利益が得られないというばかりでなく，重要な契約であれば会社事業自体の継続性にも影響を与えることになるため，特に注意して確認する必要があります。

⑤　特別の負担

その他，相手方に対して特別なコミットメントが要求されている（一定数量の購入義務など），相手方に独占的権利が付与されている（他社との同種取引が禁止されているなど），軽微な契約違反にもかかわらず多額の違約金が設定されているなど，特別の負担が課されている場合があるので注意が必要です。

■契約書は作成するだけでなく適切に保管すること

上場会社は，投資家に対して投資判断材料を提供する必要があるため，速やかに情報開示できるよう，情報を文書として保管しておく必要があります。上場準備会社が締結した契約書，合意書などについても，文書として作成・保管しておくことが求められます。

■個人情報と営業秘密の保護

　個人情報の流出による不祥事が後を絶ちません。会社が個人情報をデータとして大量に保有することが容易になったからこそ，システムのエラーやちょっとした不注意で大量の個人情報が漏洩してしまう事態が発生してしまいます。個人情報の漏洩事案の多くが，社員の故意や悪意による不正持ち出しではなく，紛失や誤操作，不正アクセス（攻撃被害）によって発生していることが特徴です。

　さらに，最近では，自社のノウハウや取引情報など，いわゆる営業秘密と呼ばれるような情報の流出による不祥事も多数報道されています。自社のノウハウや顧客情報が，競業他社に流れてしまうという事態が発生すると，会社の競争力が失われ，経営に致命的な影響を与えてしまうこともあります。そのため，営業秘密が適切に管理できていることも重要です。

　個人情報の管理についても営業秘密の管理についても，まずは「個人情報取扱規程」「秘密情報管理規程」といったルールを策定し，情報にアクセスできる人を制限したり，パスワードを設定するなどして情報を守る必要があります。なお，個人情報については，個人情報ガイドライン（通則編10-2）が「取得，利用，保存，提供，削除・廃棄等の段階ごとに，取扱方法，責任者・担当者及びその任務等について定める個人データの取扱規程を策定すること」「具体的に定める事項については，組織的安全管理措置，人的安全管理措置及び物理的安全管理措置の内容並びに情報システムを使用して個人データを取り扱う場合は技術的安全管理措置の内容を織り込むこと」を求めています。

　また，社員研修などを通じてルールの周知を徹底するとともに，内部監査やアクセスログを解析するなどの方法により監督をすることが求められます。

　万が一情報流出の事態を招いてしまうとその収拾に追われてしまい，上場準備は事実上ストップしてしまいますので，十分な準備が必要です。

6 　上場会社の知財戦略

＼ 最速最短ポイント ／

- 技術を核とする事業では，各国の特許を取得する
- 特許を取得することも大切だが，自社の商品が他者の特許を侵害していないことの確認も大切
- 従業員の発明に備えて職務発明規程を策定する
- 会社名，主要な商品（サービス）名については必ず商標を取得する

　上場審査においては，事業の継続性と収益基盤の安定性が検討されます。しかし，会社が事業運営に必要な知的財産の管理を適切に行わず，法的な保護を受けられていない場合には，自社の知的財産が他社にも利用される結果となり，収益基盤に大きなダメージが生じる可能性があります。一方で，自社の製品が他社の知的財産を侵害している場合には，高額な損害賠償の支払請求や製品販売の差止め請求がなされることもあり，事業継続に著しい支障を来す可能性もあります。

　そこで，上場準備会社では，知的財産について適切な手続を実施して自社の知的財産を管理するとともに，他社の知的財産を侵害しない社内体制を構築する必要があります。上場審査においては，特に特許と商標の扱いが重視されます。

■特許取得による知的財産の保護

　特許は「発明」を保護する制度です。発明に対して特許が付与されることで法的に保護を受けることになり，他者からロイヤリティを受け取って発明を使用させることや，他社が勝手に発明を使用した場合には損害賠償やその発明を利用した製品の販売差止めを請求することができるようになります。

　しかし，特許は発明と同時に生じるものではなく，特許出願という手続を実施しなければ取得することができません。そして，特許出願は早い者勝ちですので，同じ内容の発明をした者が複数いる場合には，発明の時期に関係なく，先に出願した者がその発明の特許を取得することになります。

　せっかく自社に画期的な技術があっても，特許を取得していなければすぐにコピーされてしまい，競争力を失ってしまいます。したがって技術が強みの会社では，特許を取得しておくことが上場審査で有利に働くことはもちろんのこと，上場後の株価にも影響を与えます。

　なお，特許は国ごとに登録されます。昨今では日本国内のみでビジネスが完結することはほとんどないため，主要なマーケットとなる国ではすべて特許を取得することが望まれます。

　また，自社が取れる特許を取っておくことは大切ですが，それよりも大切なことは，自社が他人の特許を無断で使用し特許を侵害していないということです。したがって，技術が事業の核となる会社では，専門家と連携し，自社の事業が他人の特許に抵触していないかを調査確認するしくみが構築されているかも上場審査のポイントに加えられます。

■社員が発明をした場合の対価支払

　従業員が発明を行った場合，特許を受ける権利は原則として発明者である従業員に帰属します。そのため，発明者である従業員と特許を譲り受けたい会社との間で紛争リスクが生じるのです。

　このようなリスクを予防するため，従業員の発明については最初から会社が特許の譲渡を受ける旨のルールを作ることができます（特許法35③）。このようなルールは従業員との契約で定めることもできますが，一般的には職務発明規程等の就業規則で定めることが多いでしょう（**図表31**）。

　なお，特許を受ける権利を会社に譲渡した従業員には「相当の利益」を受ける権利があります（特許法35④）。相当の利益の考え方については特許庁が指針を公開しているので，こちらも参考にしながら支払う対価の額を設定してください（https://www.jpo.go.jp/system/patent/shutugan/shokumu/document/shokumu_guideline/guideline_02.pdf）。

図表31　職務発明規程（例）

職務発明規程

（目的）
第１条　本規程は，株式会社○○（以下「当社」）において従業員又は役員（以下「従業員等」という）が行う職務発明（特許法35条１項）の取扱いについて定めるものである。

（発明の届出）
第２条　当社の業務範囲に属する発明を行った従業員等（以下「発明者」という）は，速やかに当社所定の発明届を作成し，届け出なければならない。

（職務発明の認定）
第３条　当社は，第２条の届出に係る発明について，次の各号に定める事項を認定する。
　①　届け出られた発明が職務発明に該当するか否か
　②　当該発明が共同発明であるときは，当該発明をした者それぞれの寄与率
２　当社は，前項の認定の内容を発明者に遅滞なく通知する。

（権利の帰属）
第４条　職務発明については，その発明が完成した時に，当社が特許を受ける権利（外国におけるこれに相当する権利を含む。以下同じ）を取得する。

（権利の処分）
第５条　当社は，職務発明について当社の裁量により特許出願を行い，もしくは行わず，又はその他の処分を行うことができる。
２　発明者は，当社の行う特許出願その他特許を受けるために必要な措置に協力しなければならない。

（相当の利益）
第６条　当社は，第４条の規定により職務発明について特許を受ける権利を取得したときは，発明者に対し次の各号に掲げる相当の利益を支払う。ただし，発明者が複数あるときは，当社は，各発明者の寄与率に応じて按分した金額を支払う。
　①　出願時支払金○○円（特許出願時に発生）※各国での出願毎に発生するものとする
　②　登録時支払金○○円（特許登録時に発生）※各国での登録毎に発生するものとする
２　当社は，職務発明が，事業に不可欠でありかつその内容に特許性があるが，あえて特許出願せずに秘匿化すると決定した場合，当該職務発明の発明者に対して，秘匿時支払金として○円を支払う。
３　発明者は，当社から付与された相当の利益の内容に意見があるときは，その相当の利益の内容の通知を受けた日から10日以内に，当社に対して書面により意見の申出を行い，説明を求めることが出来る。

（支払手続）
第７条　前条に定める相当の利益は，出願時支払金については出願後，登録時支払金については登録後，秘匿時支払金については秘匿化決定後，速やかに支払う。

（秘密保持）
第 8 条　発明者その他職務発明に関与した従業者等は，当該職務発明に関して，その内
　　容その他当社の利害に関係する一切の事項について，当該事項が公知となるまでの間，
　　秘密を守らなければならない。
2　前項の規定は，前項の従業者等が当社を退職した後も適用する。

■商標の重要性

　商標とは，自社の取り扱う商品やサービスを他社のものと区別するために使用するマークのことをいいます。代表的には，会社のロゴマークや商品名，サービス名がこれに当たります。

　商標を持つことによって，自社の社名や商品名，サービス名が権利として保護され，他社による類似の商標の登録を防ぐことができるほか，自社の商標と紛らわしい他社の商品やサービスが出てきた場合には，使用停止や損害賠償を請求することができるようになります。

　上場準備会社は，まずは商号（会社名）自体の商標を取得するようにしてください。商号商標が取得できない場合には会社名を変えるところからやり直しになる可能性があります。また，メイン商品（サービス）の商標が取れなかったり，事業の海外ウエイトが高いのに，その海外で商標が取れない場合も上場審査を通過することはかなり難しくなります。

　商標が取得できないということは，将来事業が成長しても商品やサービスがブランドとして機能しにくいということを意味してしまいます。したがって，自社が他社の商標を侵害していないだけでなく，少なくとも社名や主要な商品（サービス）については商標を取得する必要があります。

　つまり，商標を取得することも考慮して商品名やサービス名を考える習慣を付けなければなりません。

7 リカバリーできる違反と リカバリーできない不正

\ 最速最短ポイント /

- 会計不正はリカバリーが難しい問題で，取締役が関与していた場合には，その取締役が在任する限り上場はできないと考えるべき
- 上場準備を始める段階で，自社の事業に関連するすべての法令を洗い出し，法令に抵触していないかを検討することが望ましい

　反社会的勢力との関係排除の項でもお伝えしたとおり，上場審査は形式的な要件をクリアすれば必ず合格するというものではなく，主幹事証券会社や東証に裁量的な判断権限がある任意審査であるという特徴があります。

　わかりやすくいうと，売上と利益が大きい会社，成長性の高い会社，不正がなく情報を開示できる会社は上場させたいし，不備や不正が起きそうな会社，上場させることで株主に迷惑をかけそうな会社，上場させることで証券会社や東証の信頼を損なう恐れがある会社は上場させたくないということです。

　コンプライアンスは上場審査の中で厳しく見られる傾向にありますが，例えば未払残業代があった場合には，過去の残業代をすべて精算し，今後は未払が発生しないしくみが作られたことがわかれば，上場することは可能です。

　一方で，リカバリーが難しいのが，会計不正や許認可にかかわる法令違反です。

■会計不正は上場がかなわない典型例

　上場準備に入ると，どうしても「売上を大きく見せたい」「利益を多く見せたい」というバイアスがかかります。

　その結果，売上の水増しや架空計上，減損すべき資産の計上，本来費用とし

て計上すべき支出を資産に計上するといった操作で，売上や利益の見た目を良くしようとする会社が出てきます。

　しかし，これらはすべて会計不正になります。

　適正な会計は，上場会社として投資家とおつきあいをするうえでのベースになります。利益を多く見せるために「減損を回避できないか」ということを模索している時点で監査法人からは見放され，東証からは相手にされなくなってしまうというくらいの認識が必要です。

　万が一，会計不正に取締役が関与していた場合，その取締役が在任する限りはその会社は上場できないと考えるべきで，辞めてもらうしかありません。

　大きな不正があった会社は，役員陣を一新するなどして上場準備は一からやり直しになってしまいます。また，商号（会社名）を変更してやり直すケースも少なくありません。

■関連する法令を網羅的に把握する

　そのほかにも，不動産会社が過去に建築基準法に違反する建物を販売していた場合や，地中に不法投棄のある土地を販売していた場合など，容易には治癒できない法令違反は致命的で，上場は絶望的です。

　そもそも，自社の事業内容はどのような法令に抵触する可能性があるのか，関連する法令を網羅的にチェックするためには専門家の助けが必要です。

　上場準備が進んでから，リカバリーできない法令違反が判明したということがないように，上場準備を開始する段階で顧問弁護士などに法務DDを依頼し，関連するすべての法令について抵触している可能性があるか，抵触している場合には是正の方法があるかを検討しておいてください。

Column

やっぱり上場は事業計画が8割

「上場するために必要な，一番大切なことって何ですか？」

とっても難しい質問ですが，私であれば，「魅力的なビジネスモデルを経営者が用意することです」とお答えします。

なぜなら，その他のハードルは魅力的なビジネスモデルさえあればお金で解決できることが多いからです。いい換えれば，上場審査の障壁となるさまざまな問題は，魅力的なビジネスモデルがなかったから発生したともいえるのです。

例えば，45日以内という決算の早期化や内部監査の体制，社内規程やマニュアルの整備，J-SOX対応といった上場特有の管理体制構築には多くの専門知識が必要です。これらをすべて社内で構築しようとすると，人の採用と教育に多くの工数を割かなければなりません。しかし，上場準備会社に十分な収益性があれば，これらの体制作りの多くをアウトソーシングし，短期間で体制を構築することができます。

また，サービス残業は「残業時間に上限はあるけれど，業績は上げなければいけない」というプレッシャー，パワハラや会計不正は「上から求められる業績をどんな手を使ってでも達成しなければならない」といったプレッシャーが原因になっており，魅力的なビジネスモデルがある会社では，社員にこの手の過度のプレッシャーはかかりません。

予実が合わないという「予算未達」の問題も，多くの場合，上場基準に合わせてそもそもの実力以上の予算をたててしまっていることに根本的な原因があり，魅力的なビジネスモデルがないことの裏返しです。

本書では第1章で「上場準備は事業計画と予実管理が8割」とお伝えしましたが，それくらい魅力的なビジネスモデルがあることが上場に直結するのです。そして，ベンチャー企業の場合，魅力的なビジネスモデルを作るのはトップの仕事になります。

第7章

上場審査に合格する
内部統制のしくみ作り

1 上場前から求められる 内部統制の構築

＼ 最速最短ポイント ／

- 上場準備の段階から，内部統制の構築が求められている
- 内部統制には4つの目的と6つの構成要素がある
- J-SOXは財務報告の信頼性を担保するための制度で，これに対応するためには「フローチャート」「業務記述書」「リスク・コントロール・マトリックス」のいわゆる3点セットを準備するのが一般的である

　内部統制とは，簡単にいえば，企業の経営目標を達成するために必要なルール・しくみを整備して，適切に運用できるようにすることです。

　内部統制報告制度（J-SOX）により，上場企業には，内部統制報告書の提出が義務づけられていること，内部統制報告書は監査法人の監査証明を受けなければならないことから，上場準備会社はこれに対応できる体制を作らなければなりません。

　なお，制度上は上場後3年間に限り監査法人の監査は猶予されており，以前は上場準備の期間に内部統制も少しずつ構築していけばよいといわれていました。しかし，最近では多くの監査法人が，上場準備会社に内部統制が構築されていなければ財務諸表の監査証明も出さないというスタンスを取るため，内部統制の構築を上場後の課題と考えることはできません。

■内部統制の4つの目的

　内部統制には，4つの目的があります。それぞれが独立したものではなく，相互に重なり合います。

① 業務の有効性および効率性

会社の業務をより無駄なく，より正確に実施することです。

（例）

- 監査役や内部監査による業務監査
- 顧客満足度調査の数値結果を向上させようとする活動
- 設備購入時の稟議

② 財務報告の信頼性

財務諸表や関連する開示情報に虚偽記載をなくし，信頼性を確保することです。なお，J-SOXは4つの目的のうち，この財務報告の信頼性にフォーカスした制度です。

（例）

- 経理部長や経理担当取締役による財務諸表チェック・承認
- 業務システムから会計システムへの財務情報の定期的な自動転送

③ 事業活動に関わる法令等の遵守

企業が，事業活動に関わる法令等の遵守（コンプライアンス）を徹底することです。

（例）

- 労働基準法を守るための人事部による労働時間の管理
- 個人情報保護法を守るための情報管理状況チェック

④ 資産の保全

会社の資産を正当な手続と承認のもとで運用し，無駄な減少を防ぐことです。

（例）

- 物品購買時における上長承認の稟議
- 新規取引先に対する取引開始前の与信調査

■内部統制の6つの構成要素

内部統制の構成要素も，単独で存在するのではなく相互に関連し合います。

① 統制環境

統制環境は，組織が保有する価値基準および組織の基本的な人事，職務の制度等を総称する概念です。他の5つの要素の基盤となります。統制環境に含ま

れる一般的な事項としては，⑴誠実性および倫理観，⑵経営者の意向および姿勢，⑶経営方針および経営戦略，⑷取締役会および監査役等の有する機能，⑸組織構造および慣行，⑹権限および職責，⑺人的資源に対する方針と管理があげられています。

② リスクの評価と対応

　リスクの評価とは，組織目標の達成に影響を与える事象について，阻害要因をリスクとして識別，分析および評価するプロセスをいいます。

　リスクとは，天災や市場競争の激化といった外部的要因，従業員による不正行為，個人情報の漏洩といった内部的要因など，さまざまなものが挙げられます。リスクの評価にあたっては，まずは組織目標の達成に影響を与える事象を把握し，どのようなリスクがあるかを特定したうえで（リスクの識別），そのリスクが全社的なリスクか業務プロセスのリスクか，過去に存在したことのあるリスクか未経験のリスクかといった分類をして（リスクの分類），リスクが生じる可能性や影響の重大性等を分析し（リスクの評価と分析），重要性のあるものについては対応策を講じることになります。

　リスクの評価によって重要性のあるリスクと評価されたリスクについては，その回避，低減，移転または保有等，適切な対応を選択することになります（図表32）。

③ 統制活動

　統制活動とは，経営者の命令および指示が適切に実行されることを確保するために定める方針および手続をいいます。

　対応することとされたリスクについて，対応策が適切に実行されているかの把握・改善や，財務報告の内容に影響を及ぼす可能性のある方針や手続が，経営者の意向に沿って実行されるように手続や制度を確立します。

　そのために，職務権限や職務分掌に係る規程の整備，稟議制度の整備等を行っていく必要があります。

図表32 損害額と発生頻度の大小によるリスク対応

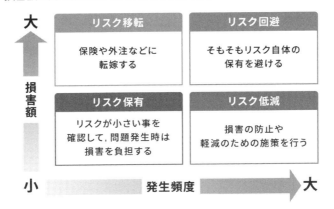

④ 情報と伝達

情報と伝達とは，必要な情報が識別，把握および処理され，組織内外および関係者相互に正しく伝えられることを確保することをいいます。

そのために，内部統制規程の整備や，内部通報制度などの整備，財務報告に係る内部統制基本方針書の作成などをしていく必要があります。

⑤ モニタリング

モニタリングとは，内部統制が有効に機能していることを継続的に評価するプロセスをいいます。

モニタリングには，通常業務に組み込まれた日常的モニタリングと，日常的モニタリングでは発見できないような経営上の問題が無いかを，通常業務から独立した視点から評価するために行われる独立的評価があります。

日常的モニタリングのために業務プロセスを可視化したり，独立的評価を定期的に行うこととするよう内部監査規程を整備する必要があります。

⑥ ITへの対応

ITへの対応とは，組織目標を達成するためにあらかじめ適切な方針および手続を定め，それを踏まえて，業務の実施において組織の内外のITに対し適切に対応することをいいます。

ITへの対応は，IT環境への対応とITの利用および統制からなり，内部統制の他の基本的要素と一体となって評価されます。

そのために，予算書等へシステム開発投資計画を記載したり，自社のIT環境を把握できる資料を作成する必要があります。

■いわゆる３点セットの準備

J-SOXでは，内部統制報告書とともに，フローチャート，業務記述書，リスク・コントロール・マトリックス（RCM）の３点セットと呼ばれる書類を提出するのが一般的です。

内部統制の整備にあたっても，業務プロセスに係る内部統制については，この３点セットを作成して整備をしていきます。

① フローチャート

フローチャートは，業務記述書の内容を視覚的にわかるように図で示した書類です（図表33）。フローチャートに起こすことで，業務や決裁の流れを視覚化し，無理や無駄がないかを洗い出すこともできます。

すべての業務をフローチャートにするためには部門担当者へのヒアリングなどが欠かせません。社内にフローチャートを作成するノウハウがなければ，専門のコンサルタントなどに外注することも検討してください。

図表33　フローチャート（例）

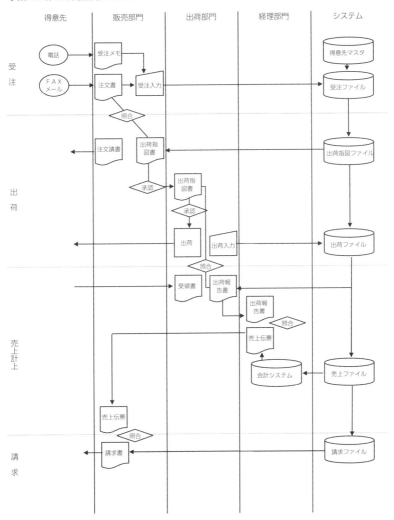

事業Aに係る卸売販売プロセス

出典：「財務報告に係る内部統制の評価及び監査に関する実施基準」企業会計審議会
https://www.fsa.go.jp/singi/singi_kigyou/kijun/20191206_naibutousei_kansa.pdf

174

② 業務記述書

　業務記述書は，５W１Hにあわせて業務の流れを簡潔な表現で言語化した書類です（図表34）。業務記述書は，フローチャートの内容と整合性が取れていなければならず，監査の際に提出する書類と一致した情報を記載する必要があります。フローチャートと業務記述書を整備することでJ-SOXで報告のために利用するだけでなく，業務マニュアルとして活用することも可能となります。

図表34　業務記述書（例）

```
１．受注
（１）電話による注文の場合は，販売担当者が受注メモを作成する。
（２）販売管理システムの受注入力は，得意先マスタに登録されている得意先の注文のみ入力することができる。
（３）受注入力後，販売管理システムから出荷指図書及び注文請書が出力され，受注メモ又は注文書と照合された後，販売責任者の承認が行われる。
（４）出荷指図書は受注メモ又は注文書を添付して出荷部門へ回付する。

２．出荷
（１）出荷担当者は，出荷責任者の承認を受けた後，出荷指図書に基づき商品の出荷をする。
・
・

３．売上計上
（１）出荷入力された出荷データは，売上データへ変換される。売上データは，会計システムへ転送され，売上伝票が出力される。
・
・

４．請求
（１）出力された請求書は販売担当者へ回付され，販売担当者は売上伝票と照合する。
・
・
```

出典：「財務報告に係る内部統制の評価及び監査に関する実施基準」企業会計審議会
https://www.fsa.go.jp/singi/singi_kigyou/kijun/20191206_naibutousei_kansa.pdf

③　リスク・コントロール・マトリックス（RCM）

　RCMは，業務プロセスにおいて不正やミスなど，起こる可能性がある業務

リスクとリスクに対応するコントロール（内部統制手続）を一覧にしたものです（**図表35**）。

　J-SOXでは，すべての業務プロセスを評価対象とするのではなく，まず全社的な内部統制を評価し，その結果を踏まえて財務報告に係る重大な虚偽記載につながるリスクに着目し，必要な範囲で業務プロセスに係る内部統制の評価を行うこととされています。そのため，リスクとコントロールの対応関係を整理したRCMは，内部統制の評価を行うためにとても重要な書類になります。

図表35　リスク・コントロール・マトリックス（例）

業務	リスクの内容	統制の内容	要件						評価	評価内容
			実在性	網羅性	権利と義務の帰属	評価の妥当性	期間配分の適切性	表示の妥当性		
受注	受注入力の金額を誤る	注文請書，出荷指図書は，販売部門の入力担当者により注文書と照合される。全ての注文書と出荷指図書は，販売責任者の承認を受けている	○	○					○	-
受注	与信限度額を超過した受注を受ける	受注入力は，得意先の登録条件に適合した注文のみ入力できる				○			○	-
⋮										
出荷	出荷依頼より少ない数量を発送する	出荷部門の担当者により出荷指図書と商品が一致しているか確認される	○		○				△	不規則的な出荷に担当者が対応できなかった。
出荷	出荷指図書の日程どおりに商品が出荷されない	出荷指図書の日付と出荷報告書の日付が照合される					○		○	-
⋮										
⋮										

出典：「財務報告に係る内部統制の評価及び監査に関する実施基準」企業会計審議会
https://www.fsa.go.jp/singi/singi_kigyou/kijun/20191206_naibutousei_kansa.pdf

2 販売業務に関する内部統制のポイント

＼ 最速最短ポイント ／

- 販売業務の内部統制構築は①受注→②売上計上→③債権回収の流れで整理する
- 受注時には，反社チェックや権限者の見積承認について履歴が残るようにする
- 債権回収時には，営業担当者と請求書発行者を分ける，回収担当者とシステム入力者を分けるなどのフローを構築する

　販売業務は①受注，②売上計上，③債権回収の流れで整理をするのが一般的です。その場合の各段階におけるチェックポイントは以下のようになります。もっとも，商品を販売する業種のほかにも，飲食業など商品提供とほぼ同時に売上の入金が完了する業種，納品が即時に完了するSaaSビジネスなど業種によってポイントはさまざまなので，監査法人などと相談をしながら3点セットを完成させるようにしてください。

■受注時の主なチェックポイント

- 反社チェックを完了しないと取引できないフローとなっている
- 自社の採算や与信限度額を確認したうえで権限者が見積りを承認し，履歴が残るフローとなっている
- 自社の基準内の納期が設定され，見積書と一致した契約内容であることを確認したうえで権限者が契約を承認し，履歴が残るフローとなっている

■売上計上時の主なチェックポイント
- 売上のシステムへの入力は，出荷担当者とは別の者が行うフローとなっている
- 納品を完了している外部証憑を入手したこと，受注承認時の書面と一致した履行がなされていることを確認したうえで売上を計上するフローとなっている
- 収益認識基準に合致した売上計上のフローとなっている

■債権回収時の主なチェックポイント
- 営業の担当者と請求書の発行者を分けるフローとなっている
- 回収担当者とは別の担当者がシステムに入力するフローとなっている
- 入金額，入金日付，送金元が請求書の内容と一致することを確認してシステムに入力するフローとなっている
- 入金を入力すると同時に売掛金が消し込みされるフローとなっている
- 入金額に過不足があったり，入金に遅延があった場合に，財務部門から営業部門に連絡され，権限者に対応を求めるフローとなっている

■よくある改善ポイント
- 営業部門が受注する際に，上長の承認行為がなくても受注できてしまったり，上長の承認行為が証憑として残らないシステムとなってしまっている
- 出荷時を基準とした売上を計上する収益認識基準となっているにもかかわらず，出荷の記録がどの売上と対応するかが証憑として残らないシステムとなってしまっている
- 入金記録と売上明細が対応しておらず，売掛金の消し込みがなされていない

**3　購買業務に関する内部統制の
ポイント**

＼ 最速最短ポイント ／

- 購買業務に関する内部統制は，①発注→②仕入計上→③買掛支払の流れ
で整理する
- 発注時には，反社チェック，複数の見積，見積書と発注書の一致の確認
などがなされるフローを構築する
- 仕入計上時には，検収担当者とシステム入力者を分けるフローを作り，
納期遅延があった場合には即座に覚知できるシステムを作る
- 買掛支払に関しては，支払担当者とシステム入力者を分けるようにし，
仕入と買掛金が同時に消し込まれるフローを構築する

　購買業務は，①発注→②仕入計上→③買掛支払の流れで整理をするのが一般
的です。その場合の各段階におけるチェックポイントは以下のようになります。

■発注時の主なチェックポイント
- 反社チェックを完了しないと取引できないフローとなっている
- 権限者が，複数の相手から見積を入手するなど社内の基準に従って発注をす
ることを承認し，履歴が残るフローとなっている
- 見積書と発注書の内容（数量，納期，支払期限）が一致していることが確認
できる証憑が残るフローとなっている

■仕入計上時の主なチェックポイント
- 検収担当者とは別の担当者が仕入の計上をシステムに入力するフローとなっ
ている

・納期遅延があった場合にはすぐに覚知され，対応するシステムとなっている

■買掛支払時の主なチェックポイント
・支払のシステムへの入力は，支払担当者とは別の者が行うフローとなっている
・支払先，支払口座，支払額，支払日が請求書と一致していることを権限者が確認し，支払実行を承認し，履歴が残るフローとなっている
・支払を入力すると同時に買掛金が消し込みされるフローとなっている

■よくある改善ポイント
・購買部門を通さずとも各現場で仕入の発注をできる業務フローとなってしまっている
・検収を確認せずに仕入がシステムに入力されるフローとなってしまっている
・請求書の内容（数量，納期，支払期限）が発注時の内容と一致しているかを確認せずに支払がされるフローとなってしまっている

4 在庫管理に関する内部統制の ポイント

＼ 最速最短ポイント ／

- 在庫管理に関する内部統制は，①在庫の受払→②原価計算→③実地棚卸 →④在庫の評価の流れで整理する
- 在庫の受払では，在庫の名称などについて統一基準を作り，適正在庫を 定め，過剰在庫が発生した場合には早期に発見されるシステムを構築す る

在庫管理は，①在庫の受払→②原価計算→③実地棚卸→④在庫の評価の流れ で整理をするのが一般的です。その場合の各段階におけるチェックポイントは 以下のようになります。

在庫をどのように評価するか（資産に計上するか，経費に計上するか）は， 業績に与える影響が大きいため，不正や不適切な計上が行われるおそれがあり， 上場審査においても厳しくチェックされます。

原価計算や在庫評価の方法は複雑なため，監査法人と十分な協議を行ったう えで業務フローを構築するようにしてください。

■在庫の受払に関する主なチェックポイント

- 在庫の名称，在庫場所，数量単位などが統一基準に従って管理されている
- 受払数量，受払日次，受元，払先の情報を権限者が確認のうえ承認し，履歴 が残るフローとなっている
- 過去の販売や資金計画から適正在庫の基準が定められている
- 過剰在庫が発生した場合に早期に発見されるシステムが構築されている

■原価計算に関する主なチェックポイント

- 原価計算の方法が規程として整備されている
- 汎用のシステムを使用する場合，適切な在庫評価方法が設定されている
- 自社特有の原価計算システムを使用する場合，計算ロジックに関する仕様書が準備されている
- 原価計算をシステムで行わず，個別に行っている場合には，ダブルチェックの体制が構築され，かつ計算の過程が履歴として残されている

■実地棚卸に関する主なチェックポイント

- 棚卸の日，場所，方法等が文書化されている
- 棚卸差異が発生した場合は権限者が棚卸調整仕訳を承認し，履歴が残るフローとなっている
- 棚卸差異の発生場所，発生対象，発生要因，再発防止策を権限者が確認，承認するフローとなっている

■在庫評価に関する主なチェックポイント

- 在庫評価の日，場所，方法，決裁権限者が文書化されている
- 権限者が陳腐化在庫，滞留在庫の評価内容，評価減とその理由，再発防止策を確認，承認するフローとなっている
- 在庫評価の変更内容が検証できる証憑が残されている

■よくある改善ポイント

- 現場の恣意的な判断で在庫評価ができる運用となってしまっている
- 原価計算の方法が社内で統一されていない
- 原価計算に詳しい人材が社内に乏しい

5 IT統制のポイント

__最速最短ポイント__

- 近時の上場審査では，IT統制の習熟度が問われている
- 後からデータを書き換えられないシステムが要求される

　近時の上場審査では，IT統制の習熟度が問われています。IT統制の主なチェックポイントは以下のとおりです。特に，後からデータを書き換えていないかを検証できるようなシステムが要求されているといえます。

■システムの運用，管理に関する主なチェックポイント
- プログラム，トランザクションデータのバックアップが適時なされている
- 障害発生時の履歴と対応した内容が文書化されている

■アクセス管理，システムの安全性確保に関する主なチェックポイント
- ユーザーIDの権限階層が適切に設定されている
- パスワードポリシーが定められ，適切に運用されている
- 適切なセキュリティ対策が講じられている
- 入退社に応じたパソコンの支給，回収や社内のシステムのユーザーIDの発行，廃止の職務分掌，マニュアルが整備され，運用されている

■不正な変更を防止するための主なチェックポイント
- いったんされた入力が偽造，変造されないことが担保されている
- 入力に変更があった場合に，変更した者と変更日時が記録されている

第 8 章

上場するなら
考えておきたい資本政策

1 上場前に避けておきたい株主構成

＼ 最速最短ポイント ／

- 資本政策は一度行うと後戻りができないので，早い段階から「何となく」ではなく戦略を考えて行う
- 多すぎる株主，多すぎる種類株は上場のネックになる可能性がある
- 株主間契約は上場前に解消しておく
- 上場準備に入った後の株の移動は，タイミングや譲渡の価格について合理性が求められる

　資本政策とは，資金調達・持株比率・キャピタルゲインといった観点から，株式を移動させたり資本を増減させたりして株主構成を最適化することをいいます。

　資本政策について選択可能な手法は多岐にわたり，さまざまな専門知識が求められます。しかし，まずは上場自体を果たさなければならないので，本項では資本政策の基本と，上場をするためには避けておきたい株主構成について解説し，次項以降でストック・オプション，従業員持株会，資産管理会社についてお伝えします。

■資本政策で考えるべき基本事項

　上場を見据えた場合に，あらかじめ検討すべき基本的なことは，概ね次の6点になります。

① 上場前に，どの程度の資金調達が必要か（VCからの資金調達額とバリエーション）

② 上場時に，どの程度の資金調達をしたいか（資金調達額）

③　上場時に，どの程度の創業者利潤を得たいか（キャピタルゲイン）

④　上場時に，どの程度の安定株主を得ておきたいか

⑤　上場に向けて，役員や社員にどのようなインセンティブを与えるか（ストック・オプション，従業員持株会）

⑥　上場後を見据えて，どのような相続対策や承継対策をとるか（資産管理会社）

　資本政策に完璧な姿はありません。ただし，1ついえることは，移動してしまった株式を後から戻すことは難しく，株価が刻々と変わることから，資本政策はひとたび動き出すと後戻りができないということです。

　そして，上場前に第三者に株式を多く渡してしまったり（①），安定株主対策で売り出し株式数を抑える（④）と，キャピタルゲインは減ってしまう（③），第三者の株式（①）やストック・オプション（⑤）が多いと，安定株主を確保しづらくなる（④）というトレードオフの関係になりやすいので，慎重に検討する必要があります。

　また，上場準備が順調にはかどらず業績が下降すると，それまでの株価より安い株価での出資は嫌がられ，資金調達がしづらくなってしまうことがあったり（①），逆に順調に上場が近づき，株価が上がってしまってからではストック・オプションにうまみがなくなってしまったり（⑤），相続対策がとりづらくなったり（⑥）してしまいます。

　ですから，資本政策はできるだけ早めに，遅くとも直前々期までにはアウトラインを固めておくことが重要となります。

■親会社がある場合の上場の注意点

　上場準備会社に親会社（上場準備会社の株式の過半数を保有する会社）がある場合，上場審査上さまざまなチェックを受けることになります。

　親会社が支配的立場を利用し，上場準備会社の事業活動を制限または調整する可能性が想定されるからです。

　特に親会社と上場準備会社との間で競合が発生している場合，その経緯，親会社から独立した経営を行う理由や，本当に独立した経営を行えるのかを審査

されることになります。

　例えば，

- 親会社と競合する地域に出店しており，親会社から上場準備会社が不採算店を押し付けられていると判断される場合
- 親会社の一方的な都合により，上場準備会社が新商品の発売を制限されたり，発売時期を変更させられたりする場合
- 親会社が対応できない受注分を上場準備会社に発注しているが，不採算案件が多い場合や，その間で親会社が不当に利益を得ている場合
- 親会社と競合する部門の事業責任者や多数の従業員が，親会社からの出向者である場合

には，親会社からの独立性に疑問を持たれる可能性があります。

　一方，

- 親会社との間で，すでに製品や販売エリア等の区分を行っている場合

には，上場準備会社の事業活動を制限または調整される可能性は低いと判断してもらえます。

■株主を増やしすぎない

　上場前から株主の数が多すぎるという場合も問題になることがあります。

　上場時には，上場準備会社の株主と株式数に争いがなく，株主名簿と実態が合致していることが求められます。株主名簿が作られていなかったり，株主の承諾がないのに株式の名義が変更されてしまっていたり，あるいは株主の移動について取締役会（株主総会）の承諾がなく，その旨の議事録が残されていないような場合には，上場の支障となりますので事前の整備が必要です。

　上場準備会社には，創業者だけでなく，ベンチャーキャピタル（VC）やエンジェル投資家などが出資することにより複数の株主がいることは珍しくありませんが，それも数名から多くても10人以内程度にとどめておくことが適切です。

　株主数が100人を超えるなど，株主が多すぎる会社は，連絡が取れない株主がいたり，株主の本人確認ができないなどという事態が発生し，最悪のケースでは上場準備が頓挫してしまうということさえあります。

■種類株を発行している場合の注意点

VCが出資をする際などに，配当や議決権，拒否権などに関して通常の普通株式とは異なる種類株式を発行することがあります。

しかし，種類株式を発行している場合には，その種類株式ごとに株主総会を開催し，決議をしなければならないケースも生じます。また，種類株式ごとに利害関係も異なることから，方針について意見が食い違い，もめ事に発展するケースも少なくありません。

したがって，種類株式の発行はほどほどにしておくことをお勧めします。なお，種類株式が発行されている場合でも上場する際には，すべての株式を一般の普通株式にするのが原則となります。

■株主間契約がある場合の注意点

特定の大株主との間で，重要事項の事前承認（例えば，大型設備の投資など）や役員任命権の付与などが含まれる契約を締結しているケースがあります。

このような，いわゆる株主間契約は違法となるものではありませんが，特定の株主にのみ特別な権限を付与することは株主平等原則にも違反し，他の株主の権利を損なうとして，上場審査のうえでは認められません。

したがって，このような株主間契約がある場合には，できるだけ早い段階で契約を解消する必要があります。株主と話し合い，解消の見込みが立っていることを主幹事証券会社に伝えるようにしてください。

■外国人株主がいる場合の注意点

株主に外国人や，日本国外に居住する者がいる場合にも注意が必要です。

上場する際には，定款や株式取扱規則において，外国に居住する株主は日本国内に常任代理人を専任して届け出なければならないと定めることが一般的です（全国株懇連合会による「外国株主に関する統一取扱指針」参照）。

この点に気づかず上場準備を進めている会社が少なからずありますので，株主に外国人や海外居住者がいる場合には早めに主幹事証券会社に相談をするようにしてください。

■上場前に株式を移動させる場合の注意点

上場前に株式を移動させる場合にも，さまざまな配慮が必要です。

まず，いったん発行済みの株式を第三者に譲渡したり，新株を発行して第三者に割り当てたりした場合，その株価が後の株式移動に影響を与えます。

VCなどは，自身が出資した時点の株価を下回る株価で，改めて新株を発行することを嫌います。また，同じ決算期中に複数の株式の移動があった場合に，株価が大きく異なると，その株価に合理的な説明ができなくなってしまいます。

本来ならば非上場会社であれば，株式の譲渡価格は売主と買主が相対で自由に決めていいはずなのですが，上場準備に入るとそうはいかないのです。

上場審査のうえでも，上場前に株主の変更が生じている場合，株式移動前と後のそれぞれの株主の属性，株式移動が発生した経緯，株式移動に係るスキーム・価格等が逐一確認されます。その結果，例えば，不合理な価格で株式移動が行われている懸念がある場合や，大株主の異動が繰り返されているような場合には，当該株式移動を通じて特定の者が不当に利得を得ていないか等の観点からも確認され，その状況を踏まえ，上場後の一般株主に何らかの悪影響を及ぼす可能性があると判断されると，上場スケジュールが狂ってしまうことになります。

また，上場準備会社の役員や親族など「特別利害関係者等」が直前々期以降において上場準備会社の株式を譲渡ないし譲受した場合は，その旨を「Ⅰの部」および有価証券届出書の「株式公開情報 第1 特別利害関係者等の株式等の移動状況」に記載しなければなりません。

上場して後悔した人はいない

　上場すると，四半期ごとに株主から結果を求められて煩わしいとか，経営の意思決定をするにもいちいち手続を踏まなければならずスピード感のある経営ができないといった話を聞くことがあります。

　コーポレートガバナンスというのはいわばトップの専断的な意思決定を抑止するための牽制機能なのですから，経営のスピードが落ちるのは必然です。また，トップが全株式を保有するオーナー企業と比べて経営の自由度が落ちるのもこれまた当然のことです。

　では，上場を果たした後，「上場しなければ良かった。こんなはずじゃなかった」と後悔する経営者はいるのでしょうか。少なくとも私はそのような経営者にお目にかかったことはありません。

　資金調達により成長が加速した，優秀な社員が集まるようになった，信頼性が高まり営業がやりやすくなった，魅力的な企業買収の案件が持ち込まれるようになったなど，ポジティブな話を多く聞きます。

　また，「株主からの期待や限られた任期というプレッシャーがあるから本気で経営ができる」「細かくルール（レギュレーション）が決められているからこそ，その中で自分がとるべき手段が選びやすい」といった話をしてくれる社長もいます。

　上場は，経営のゴールではなく新たなチャレンジのスタートです。そして，万が一，上場を維持することが足かせになった場合にはMBOにより非上場会社に戻るという手だってあるのです。

　企業が成長し，売上と利益を通じて雇用を増やし，納税を増やすことは社会に対する大きな貢献でもあります。多くの会社が，自社の可能性を信じ，上場にチャレンジしてもらいたいです。

2 ストック・オプションを上手に使う

\ 最速最短ポイント /

- ストック・オプションには，従業員にモチベーションを与えたり，優秀な人材の採用につながるメリットがある
- ストック・オプションを与えられた従業員と与えられなかった従業員の間で不公平感が出る可能性や，上場後の離職，安定株主の減少というデメリットの可能性がある

　ストック・オプションとは，事前に決めておいた価額で一定期間内に株式を購入できる権利のことをいいます。ストック・オプションを持つ社員は，上場後にこの権利を行使して株式を取得し，市場で売却をすることで利益を得ることができることになります。

■ストック・オプションのしくみ

　例えば，社員に1株500円でストック・オプションを発行した後，上場準備が進み，無事に上場を果たした後，その社員がストック・オプションを行使し，その株式を市場で1株2,500円で売却したとします（図表36）。

　その場合，この社員は1株当たり2,000円の利益を受け取ることができることになります。

　もちろん，株価はストック・オプションの発行時より価格が上がるという保証はありません。しかし，発行時より価格が低いときにはストック・オプションの権利を行使しなければ損失にはなりません。

　なお，ストック・オプションは，付与されても「上場後でなければ，権利行使できない」「退職した場合には，権利行使できない」という条件を付けるの

が一般的で，これにより，ストック・オプションの発行を受けた取締役や従業員に対して，上場を果たした場合の強烈なインセンティブを与えることができることになります。

図表36　ストック・オプションのしくみ

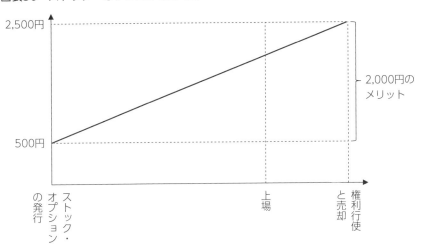

■権利行使価格と税制

　一定の要件を満たすいわゆる税制適格ストック・オプションは，税率が20%程度と優遇されていることから，多くの会社ではこの要件に従ったストック・オプションを発行しています。

　発行価額（無償），付与対象者（取締役か従業員），権利行使期間（2年～10年），権利行使価額（時価），限度額などさまざまな要件がありますので，発行時には証券会社や税理士と必ず相談をして制度設計をするようにしてください。

■ストック・オプションのメリット

　ストック・オプションには一般的に，次のようなメリットがあります。

① 従業員のモチベーションが上がる

　上場準備会社では，売上や利益といった数値目標や，管理面で要求されることが増大するなどにより，従業員にはプレッシャーがかかったり，タスクが増

えることへのストレスや負担感があったりします。

　そのような中，上場を果たすことができればキャピタルゲインを得られるというインセンティブは，経営者だけでなく従業員も会社の業績を上げたいという目標を持ちやすくなり，業務へのモチベーションの向上につながります。

② 優秀な人材の採用につながる

　上場準備を進めるためには，営業戦略や財務戦略，企業会計やコンプライアンス体制作りなどに，多くの優秀な人材や上場経験のある人材が必要となります。

　上場準備段階では，そのような人材に支払うことができる給与は限られているとしても，ストック・オプションがあることで将来的なキャピタルゲインを期待させることができ，入社時の給料が他社よりも低くても採用できる可能性が高まります。

　また，上場前に退職をしてしまうと，ストック・オプションを行使する権利も消滅してしまうため，優秀な人材が退職してしまうリスクを減らすことにもつながります。

■ストック・オプションのデメリット

　ストック・オプションには一方で，次のようなデメリットがあります。

① 株価が下落すると従業員のモチベーションが低下してしまう

　ストック・オプションによるメリットは，権利行使時の株価が，発行時の株価より上がっていることを前提としているので，業績が悪化するなどして株価が下がってしまうと，逆に従業員のモチベーションも下がってしまう可能性があります。

② ストック・オプションをもらえなかった従業員が不満を持つ

　ストック・オプションを付与する基準が不明確だったりした場合に，ストック・オプションをもらえなかった従業員が不満を持ち，モチベーションが低下する恐れがあります。また，ストック・オプションをもらった社員ともらえなかった社員との間で感情のわだかまりなど軋轢が生まれてしまう危険があります。

　このため，勤続年数や会社への貢献度など，ストック・オプションを与える

社員の基準は明確に定め，周知することが大切です。

③　上場後の退職を招く

　ストック・オプションの権利を行使してキャピタルゲインを得てしまうと，その後の仕事のモチベーションが低下して，従業員が退職してしまう可能性があります。

　このため，上場後一定期間ごとにしか権利の行使が認められない形でのいわゆるベスティング条項を付加することを検討すべきです。

④　安定株主が減少する

　ストック・オプションは取締役や従業員に付与することを前提とするのですが，上場後には株式を市場に売却することによってキャピタルゲインを得るように設計されています。

　したがって，上場後は取締役や従業員ではない第三者が株主となります。ストック・オプションを発行しすぎるということは，安定株主の割合が減ってしまうということにつながるわけです。

　このような事情から，ストック・オプションの割合は，上場時の発行済み株式総数を基準として7〜10％程度に設定する会社が多いというのが実情です。

3　従業員持株会による安定株主づくり

> ＼ 最速最短ポイント ／
>
> ・従業員持株会を作ることで，従業員の福利厚生が充実することによるモチベーションアップが期待できるとともに，安定株主を増やすことができる
> ・上場企業の約9割が従業員持株会を採用している
> ・会員である従業員には数％〜10％程度の奨励金を出す

　従業員持株会とは，従業員から会員を募り，会員に毎月支払われる給与や賞与などから天引きされる拠出金を原資とすることで自社株を共同購入し，会員の拠出金額に応じて持分を配分する制度をいいます。

　持株会は従業員が自社の株式を保有することになることから，長期的に自社の株式を保有する安定株主を確保できる制度であるともいえます。

■従業員持株会のしくみ

　まずは，持株会が会員から拠出金を募ります。一般的には，会員である従業員の給与や賞与などから既定の掛け金を天引きする方法がとられます。また，会員には会社が数％〜10％程度の報奨金を出す設計とすることがほとんどです。

　持株会は，このようにして得られた資金を元に自社の株式を共同購入します。そして，購入した株式は，会員の拠出金に応じて配分されます。

　もっとも，持株会を通じて購入した株式は持株会のものであり，従業員が直接保有するものではありません。持株会の管理運営は，社内に責任者を置いて運営する場合と，証券会社など社外へ委託する場合がありますが，後者のケースが多数といえます。

そして，議決権の行使は持株会の理事長が行使するとすることが一般的です。なお，上場企業では約9割の会社が従業員持株会を採用しています。

従業員持株会は，前項のストック・オプションと比較すると，①すべての従業員が加入できる，②取得価格は固定されない，③取得は有償であるといった違いがあります。

■従業員持株会のメリット

従業員持株会の導入には一般的に以下のようなメリットが期待できます。

① 福利厚生・従業員のモチベーションアップにつながる

持株会の運営は，会社が奨励金などの便宜を図り，中長期的な資産形成を支援する制度であるため，福利厚生として位置づけられ，従業員の満足度にもつながりやすいメリットがあります。また，会社の業績が配当金として還元されるため，従業員のモチベーションアップにもつながります。

② 安定株主になる

会社にとって，持株会に加入している従業員は長期的に自社株を保有してくれる安定した株主とみなすことができます。

③ 奨励金が貰える

従業員にとって持株会に参加する最大のメリットがこの奨励金です。奨励金とは，従業員が自社株を購入する際，会社が一定割合の金額を上乗せしてくれ，その分，株式を多く購入できるというしくみをいいます。

持株会を導入している企業のほとんどが奨励金制度を採用しており，一般的には，5～10％の割合の奨励金を出しています。

④ 株式を少額から購入できる

市場で株式を購入する場合には，最低の取引単位があり，ある程度のまとまったお金がないと購入できません。一方で，持株会では1株からでも株式を購入できるため，少額でも株式を保有することができます。一般的には最低拠出額を1,000円～数千円程度とすることが多く，気軽に中長期的な資産形成をすることができます。

⑤ インサイダー取引が適用されない

持株会は会社の計画に基づいた定期的な株式の買い付けをするかぎり，イン

サイダー取引に関する規制は適用されません。

■従業員持株会のデメリット

一方，従業員持株会には一般的に以下のようなデメリットがあるといわれています。

① 配当を出し続けなければならない

従業員持株会がある場合，多少の業績悪化があったとしても無配当としてしまうと従業員のモチベーションや会社への信頼度の低下の恐れが生じる可能性があります。したがって，基本的には配当金を出し続けなければならないというプレッシャーがかかります。

② 業績が悪化すると従業員のモチベーション低下につながる恐れがある

持株会への従業員の加入は，業績が良い時には良い影響を与える一方で，業績が悪化すると，株価が低迷し，従業員自身の保有財産が目減りしているという実感を与えてしまい，業務意欲が低下する可能性があります。

③ 好きなタイミングですぐに購入や売却ができない

持株会では，その規約にしたがった購入や売却しかできないため，通常の株式投資のように任意のタイミングで購入したり，キャピタルゲインを受け取ることができない場合があります。

④ リスク分散ができず会社への依存度が高い

従業員の資産形成が従業員持株会に偏重する場合，リスク分散ができず，会社の業績への依存度が高まってしまうことになります。仮に会社の業績が低下してしまった場合，給与や賞与が下がってしまい，これに加えて株価が下落することで，これまで保有してきた財産まで目減りしてしまうという可能性があります。

業績が良ければ，これとは全く逆の効果がありますので悪いことばかりではありませんが，リスクが分散されないという点は注意をうながす必要があります。

⑤ 株主優待がもらえない

従業員持株会は，自社株の購入を個人名義の証券口座で行っているわけではなく，持株会の名義で行う制度なので，株式を購入しても株主優待は受けられ

ません。商品の割引券やサービス券，自社商品の詰め合わせなどの株主優待を
楽しみにしている株主も多いので，従業員持株会では優待を受けられないとい
う点には注意が必要です。

4　資産管理会社

- 資産管理会社を上手に利用することで，節税をはかるとともに株主の分散を防ぐことができる
- 上場後は一定割合の株式を市場に流通させなければならないことを考慮して保有する株式数を決める

　資産管理会社とは，会社オーナーが上場後の株式の保有や税金対策などを目的として設立した会社をいいます。新規上場する企業の約半数でオーナーが資産管理会社を作っているといわれています。

■一般的な資産管理会社設立の方法
　上場に備える目的で資産管理会社を設立する方法はシンプルです。
① 　まず，オーナーが新たに資産管理会社を設立します。資本金は設立時の定款作成や登記の費用をまかなう必要があるので，100万円程度に設定するのが一般的です。
② 　次に，オーナーが所有する上場準備会社の株式をその時点の時価で資産管理会社に売却します。資産管理会社には譲渡代金を支払うキャッシュがないので，資産管理会社はオーナーから借入を行い，その金で代金を支払った扱いとしておきます。
③ 　オーナーは，上場準備会社の株式の譲渡益について確定申告を行い，譲渡所得税を納税します。

　なお，資産管理会社の株主はオーナー自身でなく，オーナーの子どもにすることでさらに大きな相続税の節税効果を発揮することができます。ただし，子

どもに会社の支配権を渡すことには抵抗感があることも多く，その場合には信託や黄金株を利用して財産権と経営権を分離する方法がありますので，弁護士などに相談のうえ，資産管理会社の設計を行ってください。

■資産管理会社を利用するメリット

　資産管理会社を設立し運用することで，一般的には次のようなメリットがあるといわれています。

① 配当金の節税効果

　一般的に，上場企業の創業者（オーナー）が受け取る配当金に対しては約50％が課税されます。これに対して，資産管理会社が法人として得られる配当金に対しては，その保有割合に制限はありますが，一般的に税率は約15％となります。

　資産管理会社によって，課税される割合が35％も節税できるので現金で残る金額も変わってきます。配当金が大きいほどにそのメリットも大きくなるといえます。

② 相続税の節税効果

　株式を個人保有している場合，株価の上昇に伴い相続税額も加速度的に上がっていきます。

　これに対し，資産管理会社を利用して会社の株式を間接保有した場合，取得後の株価上昇分について相続税評価を一部圧縮できるので，節税効果が期待できます。

③ 所得税と法人税の税率の違いによる節税効果

　所得税は累進課税であるため所得が大きくなればなるほど税率が高くなり，最高税率は45％です。

　一方で，法人税の最大税率は23％強となります。そのため，所得金額が一定のラインを超えると資産管理会社を活用することで税率構造の違いによる節税効果が得られることになります。1つの目安として，年間の所得金額が900万円を超えている場合には，法人の維持コストを含めても節税効果が得られるケースが多いといわれています。

④ 経費計上の範囲の広さと損益通算による損失の活用

　法人は役員報酬や退職金，法人保険の保険料や社宅費用などが経費計上できるという点で，一般的には個人より経費計上の範囲が広いといえます。また，個人の場合は，不動産の売却損益や株式の売却損益は，個別に所得計算をしなければならないのに対し，法人の場合にはこれらをすべて通算して計算すれば良いので，例えば不動産の売却益と株式の売却損を相殺して税金計算が可能という点で，個人よりも法人のほうが損失を活用しやすいと考えられます。

⑤ 株式を分散させず安定株主を形成する

　株式を個人が保有している場合には，相続が発生するたびに株式が相続人間で分散していくことになります。一方で，上場会社の株式を資産管理会社が保有している場合には，相続で分割する対象は資産管理会社の株式になり，上場会社の株式は分散することはありません。

　また，前述のように，上場会社の株式を個人が保有していると，相続が発生した際に多額の相続税が課されます。相続税は現金で支払うことが原則となるため，キャッシュがないと相続人は相続税を支払うために株式を売却するしかなく，このことも安定株主の減少や株価の低下を招きます。

■資産管理会社の注意点

　上記のようなメリットが期待できる資産管理会社ですが，以下のような制限やデメリットも考えられますので注意をしてください。

① 最後の売却の税金を考えると個人保有のほうが有利

　資産管理会社に上場準備会社の株式を持たせたほうがよいのは，配当金に対する税金が安くなることが主な理由となります。しかし，この株式を売却することを考えると，個人で売却したほうが，資産管理会社を経由して売却するより有利になります。

　株式の譲渡の際に生じる利益への課税率は，個人の場合だと約20％ですが，法人の場合だと約30％となるからです。

　したがって，上場後に売却をすることを想定する部分の株式は個人で保有し，将来的にも持ち続ける可能性が高いと考えるような持株比率に関しては資産管理会社に移すという使い分けをするのが良いでしょう。

② 事業承継税制の特例措置が対象外

　事業承継税制とは，後継者である相続人等が，会社の株式を贈与または相続等により取得した場合に，贈与税・相続税について，その納税が猶予され，その後継者が死亡した場合その贈与税・相続税の納付が免除される制度です。

　この税制は，その会社に事業実態があることが要件となっていますが，資産管理会社にはその性質上，事業実態がありません。したがって，この税制の特例措置を受けることができません。

③ 流通株式比率の要件を満たすよう設計する

　上場するためには流通株式比率が25％以上（プライム市場では35％以上）でなければならないという要件があります。

　この流通株式には，資産管理会社の所有する株式は含まれません。したがって，上場準備会社では，この上場基準をふまえて資産管理会社へ譲渡する株式数を設計することが必要です。

おわりに

　本書では，新規上場に必要な準備について，私が知りうる全てのことをお伝えさせていただきました。とはいえ，これは私が多くの経営者と出会うご縁をいただき，そこから教わったことや，取材やインタビューを通じて教えていただいたことを整理し，まとめさせていただいたに過ぎません。

　財政危機の中，人口が減少し，国際競争力も低下しているわが国において，経営を伸ばし，利益の一部を納税する企業のリーダーがこの国の危機を救うというのが私の考えです。そんな当事者意識を共有できるリーダーが1人でも増えることを願ってやみません。

　上場を目指す経営者のお手伝いは私の大好きな仕事です。お伝えできること，お手伝いできることは何でもさせていただきますので，気軽にご連絡ください。
（未来創造弁護士法人連絡先）　https://www.mirai-law.jp/contact/

　最後に，本書の出版に関わってくださった，多くの方に心から感謝します。
　私に出版の世界を教えてくださったネクストサービスの松尾昭仁社長，インタビューで上場の今を教えていただいたエイトランドの中川勝弘社長，テイクコンサルティングの松丸史郎社長，うえるの上野亨社長，その他証券会社，監査法人，証券代行の皆様，私の執筆を手伝ってくれた未来創造弁護士法人の加藤正太弁護士，野村拓也弁護士，小山皓三弁護士，和久田典宏弁護士，坂本翔弁護士，そして執筆に専念する環境与えてくれた職場の仲間と家族。
　誰一人欠けても本書を書き上げることはできませんでした。
　本当にありがとうございました。

三谷　淳

【著者紹介】

三谷 淳（みたに じゅん）

未来創造弁護士法人 代表弁護士・税理士
株式会社未来創造コンサルティング 代表取締役

慶應義塾大学法学部在学3年時に司法試験に最年少合格する。2000年の弁護士登録後
は，裁判にならない交渉術や紛争予防法を研究し，その紛争予防スタイルから「日本
一裁判しない弁護士」と呼ばれ，企業経営者から絶大な支持を受ける。
2010年に同世代経営者勉強会【S70's】を立ち上げ，約500人の若手経営者が参加する
勉強会を主催。そのうち7社が新規上場を果たす。
現在は，上場企業30社を含む約300社と顧問弁護士や社外役員などとしてかかわる。ま
た，常時20社程度の上場準備企業に関与する。
2017年に税理士登録，2018年には株式会社未来創造コンサルティングを設立し，法律
面のみならず，会計や労務，内部統制やガバナンスなど，幅広いIPO支援を実施する。
さらには，上場企業や上場準備企業の社外取締役，社外監査役も多数歴任している。
講師歴として慶應義塾大学，SMBCコンサルティング，三菱UFJリサーチ＆コンサルティ
ング，浜銀総研，きらぼしコンサルティングなど，著書に『伸びてる会社の意外な共
通点』（合同フォレスト），『目標達成の全技術』（日本実業出版社）など多数。

企画協力：ネクストサービス株式会社　松尾昭仁

スタートアップ企業が最速最短で上場する方法

2024年 6 月15日　第 1 版第 1 刷発行
2024年 9 月15日　第 1 版第 2 刷発行

著　者　三　　谷　　　　淳
発行者　山　　本　　　　継
発行所　㈱中　央　経　済　社
発売元　㈱中央経済グループ
　　　　パ ブ リ ッ シ ン グ

〒101-0051　東京都千代田区神田神保町 1 - 35
電話　03 (3293) 3371 (編集代表)
　　　03 (3293) 3381 (営業代表)
https://www.chuokeizai.co.jp
印刷／三英グラフィック・アーツ㈱
製本／侑井 上 製 本 所

© 2024
Printed in Japan

●実務・受験に愛用されている読みやすく正確な内容のロングセラー!

定評ある税の法規・通達集 シリーズ

所得税法規集
日本税理士会連合会
中央経済社 編

❶所得税法 ❷同施行令・同施行規則・同関係告示 ❸租税特別措置法(抄) ❹同施行令・同施行規則・同関係告示(抄) ❺震災特例法・同施行令・同施行規則(抄) ❻復興財源確保法(抄) ❼復興特別所得税に関する政令・同省令 ❽災害減免法・同施行令(抄) ❾新型コロナ税特法・同施行令・同施行規則 ❿国外送金等調書提出法・同施行令・同施行規則・同関係告示

所得税取扱通達集
日本税理士会連合会
中央経済社 編

❶所得税取扱通達(基本通達/個別通達) ❷租税特別措置法関係通達 ❸国外送金等調書提出法関係通達 ❹災害減免法関係通達 ❺震災特例法関係通達 ❻新型コロナウイルス感染症関係通達 ❼索引

法人税法規集
日本税理士会連合会
中央経済社 編

❶法人税法 ❷同施行令・同施行規則・法人税申告書一覧表 ❸減価償却耐用年数省令 ❹法人税法関係告示 ❺地方法人税法・同施行令・同施行規則 ❻租税特別措置法(抄) ❼同施行令・同施行規則・同関係告示 ❽震災特例法・同施行令・同施行規則(抄) ❾復興財源確保法(抄) ❿復興特別法人税に関する政令・同省令 ⓫新型コロナ税特法・同施行令 ⓬租特透明化法・同施行令・同施行規則

法人税取扱通達集
日本税理士会連合会
中央経済社 編

❶法人税取扱通達(基本通達/個別通達) ❷租税特別措置法関係通達(法人税編) ❸減価償却耐用年数省令 ❹機械装置の細目と個別年数 ❺耐用年数の適用等に関する取扱通達 ❻震災特例法関係通達 ❼復興特別法人税関係通達 ❽索引

相続税法規通達集
日本税理士会連合会
中央経済社 編

❶相続税法 ❷同施行令・同施行規則・同関係告示 ❸土地評価審議会令・同省令 ❹相続税法基本通達 ❺財産評価基本通達 ❻相続税法関係個別通達 ❼租税特別措置法(抄) ❽同施行令・同施行規則(抄)・同関係告示 ❾租税特別措置法(相続税法の特例)関係通達 ❿震災特例法・同施行令・同施行規則(抄)・同関係告示 ⓫震災特例法関係通達 ⓬災害減免法・同施行令(抄) ⓭国外送金等調書提出法・同施行令・同施行規則・同関係通達 ⓮民法(抄)

国税通則・徴収法規集
日本税理士会連合会
中央経済社 編

❶国税通則法 ❷同施行令・同施行規則・同関係告示 ❸同関係通達 ❹国外送金等調書提出法・同施行令・同施行規則 ❺租税特別措置法・同施行令・同施行規則(抄) ❻新型コロナ税特法・令 ❼国税徴収法 ❽同施行令・同施行規則・同告示 ❾滞調法・同施行令・同施行規則 ❿税理士法・同施行令・同施行規則・同関係告示 ⓫電子帳簿保存法・同施行令・同施行規則・同関係告示・同関係通達 ⓬デジタル手続法・同国税関係法令に関する省令・同関係告示 ⓭行政手続法 ⓮行政不服審査法 ⓯行政事件訴訟法(抄) ⓰組織的犯罪処罰法(抄) ⓱没収保全と滞納処分との調整令 ⓲犯罪収益規則(抄) ⓳麻薬特例法(抄)

消費税法規通達集
日本税理士会連合会
中央経済社 編

❶消費税法 ❷別表第三等に関する法令 ❸同施行令・同施行規則・同関係告示 ❹消費税法基本通達 ❺消費税申告書様式等 ❻消費税法等関係取扱通達等 ❼租税特別措置法(抄) ❽同施行令・同施行規則(抄)・同関係告示・同関係通達 ❾消費税転嫁対策法・同ガイドライン ❿震災特例法・同施行令(抄)・同関係告示 ⓫震災特例法関係通達 ⓬新型コロナ税特法・同施行令・同施行規則・同関係告示・同関係通達 ⓭税制改革法等 ⓮地方税法(抄) ⓯同施行令・同施行規則(抄) ⓰所得税・法人税政省令(抄) ⓱輸徴法令 ⓲関税法令(抄)・同関係告示 ⓳関税定率法令(抄) ⓴国税通則法令・同関係告示 ㉑電子帳簿保存法令

登録免許税・印紙税法規集
日本税理士会連合会
中央経済社 編

❶登録免許税法 ❷同施行令・同施行規則 ❸租税特別措置法・同施行令・同施行規則(抄) ❹震災特例法・同施行令・同施行規則(抄) ❺印紙税法 ❻同施行令・同施行規則 ❼印紙税法基本通達 ❽租税特別措置法・同施行令・同施行規則(抄) ❾印紙税額一覧表 ❿震災特例法・同施行令・同施行規則(抄) ⓫震災特例法関係通達等

中央経済社